Japan der Regionen

d|u|p

Kultur- und sozialwissenschaftliche Japanforschung

Band 3

Japan der Regionen

Demografischer Wandel, Revitalisierung
und Vielfalt in der Peripherie

herausgegeben von

Shingo Shimada und Theresa Sieland

d|u|p

Bibliografische Information der Deutschen Nationalbibliothek
Die Deutsche Nationalbibliothek verzeichnet diese Publikation in der Deutschen Nationalbibliografie; detaillierte bibliografische Daten sind im Internet über http://dnb.dnb.de abrufbar.

© 2019 Walter de Gruyter GmbH, Berlin/Boston
Redaktion und Lektorat: Theresa Sieland
Satz, Layout und Umschlaggestaltung: Tómoki Piekenbrock
Umschlagentwurf für die Reihe: Hannah Reller
Der Fließtext ist gesetzt in Minion Pro.
ISBN (print) 978-3-11-065736-4
ISBN (ebook) 978-3-11-065738-8

Inhaltsverzeichnis

Einleitung

Shingo Shimada und Theresa Sieland

Die dreifache Katastrophe im März 2011 in der Tōhoku-Region war ein Ereignis, das die weltöffentliche Aufmerksamkeit auf Japan lenkte und die Probleme der japanischen Provinzen am Beispiel der strukturschwachen Tōhoku-Region deutlich sichtbar machte: Das Erdbeben erschütterte ein Gebiet, das ehemals von Agrarwirtschaft gelebt hatte und heute vom Bevölkerungsschwund geprägt ist. Vom Tsunami waren viele kleine Fischerdörfer an der Pazifikküste besonders schwer betroffen, die auch ohne dieses Ereignis heute ums Überleben kämpfen. Zudem geschah die Havarie des Atomkraftwerks Fukushima I an einem Ort, der ohne Existenz des Kraftwerks wirtschaftlich nicht als überlebensfähig galt. Während „Japan" zuvor mit technologischer Innovation, Wirtschaftsmacht oder aber Populärkultur in Verbindung gebracht wurde, verwies dieses Ereignis auf die bislang eher unbekannte Seite der japanischen Gesellschaft.

Die Tōhoku-Region ist besonders stark vom demografischen Wandel betroffen, sodass sehr viele ältere Menschen infolge der Katastrophe in eine besonders schwierige Lebenslage gerieten. Auffällig wurde auch die schwache Infrastruktur der Region, was den Wiederaufbau der Städte und Gemeinden direkt nach der Katastrophe hemmte und bis heute erschwert. Diese Schwäche ist ein Ergebnis des lang andauernden gesellschaftlichen Wandels seit den 1970er Jahren, durch den vielen ländlichen Gebieten die Wirtschafts- und Lebensgrundlagen unterzogen wurde. Mit der trügerischen Erwartung, mit Großprojekten die Modernisierung des Landes bis in die äußerste Peripherie vorantreiben zu können, wurde seit den 1970er Jahren ein wirtschaftliches Abhängigkeitsverhältnis aufgebaut (vgl. Yoshimi 2009), durch das die entlegenen Gemeinden mehr und mehr ihre wirtschaftliche Eigenständigkeit verloren.

Diesen Prozess des Niedergangs ländlicher Gemeinden verdeutlicht der Roman „Hikari are" („Sei ein Licht") von Hase Seishū (2014), dessen einzelne Kapitel zwischen 2009 und 2011 veröffentlicht wurden. Der Roman erweckte u. a. dadurch öffentliches Interesse, dass das letzte Kapitel, welches das Leben eines Wachmanns im Atomkraftwerk Tsurugas beschreibt, gerade im März 2011 zum Zeitpunkt der Dreifachkatastrophe veröffentlicht wurde. Das Werk erzählt die Lebensgeschichte eines gewöhnlichen Mannes in der Kleinstadt Tsuruga am japanischen Meer. Die Erzählung verfolgt sein Leben von der Mittelschulzeit bis zur familiären Krise, in der der etwa 40-jährige Protagonist schließlich aus dem gemeinsamen Haus seiner Ehefrau und Tochter auszieht. Die Schilderungen im Werk verdeutlichen die Hoffnungslosigkeit eines Mannes, der als junger Mann schnell die Illusion einer erfolgreichen Zukunft verliert und beschließt, ein unauffälliges Leben in der Stadt zu führen. Von einem älteren Bekannten gefragt, warum er die Stadt nicht verlasse, antwortet der Protagonist: „Ich bin nicht gut in der Schule, habe auch keine Beziehung. Es reicht gerade so, dass ich eine Stelle in der hiesigen kleinen Firma bekomme." (Hase 2014: 152; e. Ü.). Die wirtschaftliche Misere der Stadt wird dadurch verdeutlicht, dass für sie letztendlich nur das Atomkraftwerk als wichtigster Wirtschaftsfaktor und damit Arbeitgeber verbleibt. So nimmt der Protagonist nach dem Besuch der örtlichen Highschool die Arbeit in einer Fabrik auf, deren finanzielle Situation jedoch so unsicher ist, dass er einige Jahre später aufgrund mangelnder Alternativen eine Anstellung als Wachmann in dem Atomkraftwerk antritt.

Der Roman vermittelt mit zahlreichen detaillierten Beschreibungen anschaulich die aussichtslose Atmosphäre einer provinziellen Kleinstadt und deren Verfallsprozess. Besonders auffällig ist die Darstellung der wirtschaftlichen Abhängigkeit der Stadt vom Atomkraftwerk – dieser Umstand steht stellvertretend für alle Gemeinden, in denen heute ein Kernkraftwerk existiert. Es ist ein Abhängigkeitsverhältnis von der zentralen Wirtschaftsmacht in Tokyo, welches im Japanischen gängig als „Atom-Dorf" (*genshimura*) bezeichnet wird. Der Soziologe Kainuma Hiroshi charakterisiert diese Beziehung mit Blick auf Fukushima als postkolonial, da sich die Präfektur durch die Errichtung des Atomkraftwerks in ein neokoloniales Abhängigkeitsverhältnis vom politischen Zentrum in Tokyo begeben hat (Kainuma 2011).

Jedoch ist die wirtschaftliche Lage in anderen japanischen Provinzen, in denen keine Atomkraftwerke stehen, angesichts von Problemen der Strukturschwäche, Überalterung und Entvölkerung keineswegs besser. Ländliche Regionen in Japan rücken vor dem Hintergrund der Dreifachkatastrophe, des damit verbundenen internationalen Diskurses um Nachhaltigkeit und Umwelt sowie des fortschreitenden demografischen Wandels wieder verstärkt ins Zentrum des gesellschaftlichen Interesses. Bemühungen, die Attraktivität der Provinzen als Wohn- und Arbeitsraum zu steigern und Stadtmenschen zum Zuzug zu animieren, scheitern nicht selten an nostalgischen Bildern des idyllischen Landlebens, die mit den Alltagswirklichkeiten der Menschen vor Ort recht wenig zu tun haben. Wir als Herausgeber des vorliegenden Bandes betrachten die ebenso im Roman beschriebene Stimmung als symptomatisch für die japanische Gesellschaft insgesamt und baten daher die Autor*innen[1], zum Themenkomplex „Japan der Regionen" aus ihrer eigenen Forschung zu berichten.

Adam Jambors Beitrag befasst sich zunächst mit den derzeitigen Problemen junger Menschen aus ländlichen Regionen Japans beim Übergang von der (Hoch-) Schulbildung in den Arbeitsmarkt. Am Beispiel Okinawas zeigt er auf, inwiefern insbesondere junge Menschen aus ländlichen Gebieten von regionaler Ungleichheit betroffen sind. Die derzeitige Lage des japanischen Arbeitsmarktes beeinflusst erheblich die interregionale Mobilität und auch Heimatverbundenheit von jungen Menschen, für die das Gebiet, in dem sie aufgewachsen sind, nicht selten zum letzten Rückzugsort wird. Dies bedeutet jedoch nicht zwingend, dass die Risikobereitschaft unter Jugendlichen abgenommen hat – vielmehr handelt es sich meist um eine durchaus couragierte, jedoch auf der *high road* gescheiterte Jugend, die angesichts der momentan verschärften Bedingungen auf dem Arbeitsmarkt eher unfreiwillig auf dem *local track* wandelt.

---

1 Auf Grundlage der Originalbeiträge des vorliegenden Bandes wird im Folgenden nicht ausdrücklich in geschlechtsspezifische Personenbezeichnungen differenziert. Im Falle einer gewählten männlichen Form ist eine adäquate weibliche Form gleichberechtigt eingeschlossen.

Timo Thelen beschäftigt sich im Rahmen des seit den 1970ern aufgekommenen *furusato-zukuri*-Diskurses mit der Idealisierung des Ländlichen sowie den daraus entstandenen Graswurzelinitiaven in Japan. Anhand des Beispiels Natauchi erörtert er, welche Ziele durch lokales *furusato-zukuri* im Allgemeinen verfolgt werden und inwieweit das vor Ort initiierte *matsuri*-Unterstützungsprojekt diese zu erfüllen vermag. Durch einen Vergleich der Situation zwischen zwei Forschungsaufenthalten im Zeitraum von vier Jahren hält er in seinem Ausblick fest, inwiefern Austauschprojekte zwischen Präfektur-Hauptstadt und Dörfern das Potenzial haben, Netzwerke und Ideen zu fördern, von denen ländliche Regionen auch langfristig profitieren können.

Hiroo Kamiya wendet sich in seinem Beitrag der Hochzeitsmigration aus Asien ins ländliche Japan zu, die seit Mitte der 1980er insbesondere in Tōhoku, Shikoku und weiteren ländlichen Regionen durch die Zentralregierungen gefördert wurde. Vor dem Hintergrund erneuter Diskussionen, dem seit 2007 voranschreitenden Bevölkerungsrückgang Japans mit verstärkten Einwanderungsmaßnahmen entgegenzuwirken, thematisiert Kamiya den Einfluss weiblicher Heiratsmigranten hinsichtlich des Fortbestehens und der Entwicklung eines Gemeinschaftsbildes im regionalen Japan. Hierbei zeichnet er die historische Entwicklung der Hilfsmaßnahmen nach, die von lokalen Regierungen zur Unterstützung der Migranten ergriffen wurden, und zeigt auf, inwieweit diese auch zukünftige Eingliederungsmaßnahmen für ImmigrantInnen in Japan beeinflussen könnten.

Dass die Imagepflege und das Fortbestehen ländlicher Regionen nicht nur durch Migration, sondern auch mithilfe gezielter Tourismusmaßnahmen gefördert werden sollen, veranschaulicht Jessica Dreistadt anhand ihrer Fallstudie: Die Popularität der 2013 und 2014 ausgestrahlten Animeserie „Free!" veränderte im Rahmen von *contents tourism* nicht nur die Zusammensetzung der Touristen in Iwami, sondern führte auch zu einer letztlichen Neuinszenierung der Gemeinde. Diese orientiert sich in ihrer Darstellung für Touristen zunehmend an der auf ihr beruhenden fiktiven Anime-Stadt „Iwatobi", um die Erwartungen von Besuchern zu erfüllen. Der Beitrag verdeutlicht, dass diese von den Medien verursachte Bedeutungsverschiebung bei der Selbstpräsentation des ländlichen Raumes lange keinen Einzelfall darstellt – und dass sich Orte, wenn vielleicht auch nur kurzfristig, durch *anime seichijunrei* erheblich in ihrer Außenwahrnehmung und Selbstdarstellung verändern können.

Theresa Sieland zeigt am Beispiel des Kunstfestivals der Echigo Tsumari Art Triennale in Niigata schließlich auf, wie man sich bei regionalen Revitalisierungsprojekten verstärkt darum bemüht, Anwohner in Gestaltungsprozesse ihres Lebensraumes mit einzubinden. Allerdings wird dabei noch immer auf idealisierende Bilder des Landlebens zurückgegriffen, um selbiges für Stadtmenschen attraktiver zu machen. Der Fokus verschiebt sich so von der Wiederentdeckung der Qualität des eigenen Wohnsitzes hin zu einer erneuten Inszenierung der Region als idyllisches Ferienziel. Inwiefern das Kunstfestival unter diesen Gesichtspunkten das Potenzial hat, einen langfristigen Revitalisierungserfolg zu erzielen, wird abschließend differenziert betrachtet.

Quellenverzeichnis

HASE, Seishū. 2014. *Hikari Are* [Sei ein Licht]. Tokyo: Bunshun bunko.

KAINUMA, Hiroshi. 2011. *Fukushimaron. Genshiryoku mura ha naze umaretanoka* [Über Fukushima. Warum ist das Atom-Dorf entstanden?]. Tokyo: Seidosha.

YOSHIMI, Shunya. 2009. *Posuto sengo shakai. Shirîzu nihon kin gendaishi* [Die Gesellschaft der Postnachkriegszeit. Serie: Moderne Geschichte Japans]. Tokyo: Iwanami.

Japans Jugend und der Rückzug in die Heimat

Adam Jambor

Der vorliegende Beitrag soll einen Überblick über die Probleme liefern, mit denen sich Japans junge Menschen beim Übergang in den Arbeitsmarkt seit Beginn der 1990er konfrontiert sehen. Hierzu soll erst ein kurzer Überblick über den Wandel des Diskurses bezüglich Jugend und Arbeitsmarkt in Japan gegeben und darauf aufbauend die Analysekategorie „Region" ausführlicher behandelt werden. Zur Verdeutlichung der Problematik, mit der sich insbesondere junge Menschen in den Regionen konfrontiert sehen, wird der Begriff „Heimatorientierung" genauer betrachtet und als Beispiel die Präfektur Okinawa aufgegriffen.

1. Japans Jugend in Zeiten der Arbeitsmarktkrise: von hedonistischer Jugend zu „schwarzen Unternehmen"

In der zweiten Hälfte der 1990er begannen Sozialwissenschaftler und Ökonomen in Japan, sich zunehmend mit der problematischen Situation junger Menschen auf dem japanischen Arbeitsmarkt auseinanderzusetzen. Die Rezession, die auf das Ende der *bubble economy* zu Beginn der 1990er folgte, machte sich auch in einer dauerhaften Arbeitsmarktkrise für junge Menschen bemerkbar. Dankbar aufgegriffen von den japanischen Massenmedien fanden Begriffe wie *NEET* (Kurzform für: „not in Education, Employment or Training"), *freeter* (junge Menschen mit dauernd wechselnden Jobs) und *parasaito shinguru* („Parasiten-Singles", junge Menschen, die bei ihren Eltern bleiben und keinen eigenen Haushalt unterhalten) Eingang in den allgemeinen Sprachgebrauch. In den 1990ern war der Diskurs zur Arbeitsmarktsituation junger Japaner noch geprägt vom *freeter*-Diskurs, der *freeter*, *NEET* und *parasaito shinguru* als materialistisch, konsumorientiert und selbstsüchtig darstellte (Brinton 2011: 6). Die statistisch nachvollziehbare Zunahme an jungen Menschen, die sich außerhalb des Standardlebenslaufs mit Nebenjobs oder irregulärer Beschäftigung sowie mit Unterstützung der Eltern ihr Leben finanzierten, befeuerte die Frage, wer denn nun „schuld" sei an der veränderten Lebenswirklichkeit der Jugend:

> The magnitude of their [der Jugend in irregulärer Beschäftigung, NEET, etc., Anm. d. A.] numbers sent shock waves through Japanese policy circles, with vigorous debate over whether the labor demand side (economic recession and employment restructuring) was primarily responsible or whether the labor supply side was to blame (young people's 'fickleness' regarding the type of work they want or their lack of a strong work ethic). (Brinton 2011: 119 f.)

Das Bild von Japans vermeintlich hedonistischer Jugend wurde erschüttert, als der Arbeitsmarktforscher Genda Yūji mit der Veröffentlichung von „Shigoto no naka no aimai na fuan" (2001; engl.: A Nagging Sense of Job Insecurity [2005]) die strukturellen Probleme des Arbeitsmarkts für junge Japaner aufgriff und explizit die bisherigen Argumentationsmuster infrage stellte:

> Contrary to the belief that parasite singles enjoy the vested right to live at their parents' expense, the real parasites are the parents, the generation of middle-aged and older workers on whom society has conferred vested rights and who make their livelihood at the expense of young people. (Genda 2005: 43)

Die Arbeitsmarktkrise für junge Japaner dauerte zum Zeitpunkt von Gendas Veröffentlichung bereits ein Jahrzehnt lang an, sodass oftmals von einer „verlorenen Generation" oder vom „verlorenen Jahrzehnt" die Rede war. Eine Beschäftigungskrise dieses Umfangs verdeutlichte, dass das bisherige Erfolgsmodell zu Lasten der jungen Generation ging. Junge Japaner litten unter den Privilegien, die Arbeitgeber den Arbeitnehmern in wirtschaftlich guten Zeiten bereitwillig verliehen. Diese Privilegien werden gemeinhin als „japanisches Beschäftigungsmodell" bezeichnet und bestehen aus den drei Säulen lebenslange Beschäftigung, Senioritätsprinzip und betriebliche Wohlfahrt (Honda 2010: 29). Im Zuge des rasanten Wirtschaftswachstums der japanischen Nachkriegszeit hat sich dieses Modell als Norm durchgesetzt und prägt bis heute eine ganze „soziale Generation" (Mannheim 1952 zit. n. Brinton

2011: 9). Diese privilegierte Generation hat andere soziale Umstände erfahren als die Post-Bubble-Generation, was auch das Unverständnis der Älteren gegenüber den Problemen erklärt, mit denen sich junge Japaner nach 1990 beim Übergang in den Arbeitsmarkt konfrontiert sahen (Brinton 2011: 10). Die unter der vorangegangenen sozialen Generation verbreitete Ansicht, dass der jungen Generation Freizeit und Konsum wichtiger seien und sie deshalb die reguläre Vollbeschäftigung in einem großen Unternehmen zunehmend mieden, dekonstruiert Genda: Er weist nach, dass die Arbeitszeit in der Altersgruppe der jungen Arbeitnehmer nicht etwa zurückging, sondern unter jungen Arbeitnehmern in Großunternehmen – trotz Einführung der 5-Tage-Arbeitswoche – sogar zunahm (Genda 2005: 108). Pro forma mag das japanische Beschäftigungssystem in den Großunternehmen also fortleben. Gleichzeitig ist jedoch der Arbeitsaufwand gestiegen, da die Großunternehmen in puncto Neueinstellungen wesentlich zurückhaltender sind (Ōta 2005: 21; Genda 2005: 34 ff.).

Diese Erkenntnisse führten zu einem Wandel der öffentlichen Wahrnehmung in Japan. Der Ungleichheitsdiskurs (*kakusa-ron*) gewann zu Beginn der 2000er an Aufmerksamkeit. Vermehrt wurden sozioökonomische Probleme angesprochen, die die strukturellen Probleme des Arbeitsmarkts thematisierten und die „Schuld" an der misslichen Arbeitsmarktlage nicht mehr allein den jungen Individuen gaben. Yamada Masahiros populärwissenschaftliche Abhandlung „Kibô kakusa shakai – makegumi no zetsubôkan ga nihon wo hikisaku" (2007) griff beispielsweise die Erosion des bisherigen Systems vom bruchlosen Übergang in die Beschäftigung auf, das Yamada als „Pipeline-System" bezeichnete. Dieses „Pipeline-System" habe nun ein Leck bekommen: Unabhängig von der Art des Bildungsabschlusses gäbe es Individuen, die aus der „Pipeline" herausfielen und letztlich keine andere Wahl hätten, als sich mit irregulärer Beschäftigung oder ständig wechselnden Nebenjobs ihren Lebensunterhalt zu verdienen (Yamada 2009: 239 ff.). Tatsächlich ist es für Japans Jugend extrem wichtig, direkt nach der Ausbildung in ein reguläres Arbeitsverhältnis zu kommen, um sich nicht direkt zu Beginn des Arbeitslebens für den primären Arbeitsmarkt, ergo die Privilegien des japanischen Beschäftigungssystems, zu disqualifizieren (Sato 2009: 633).

Im Zuge des Ungleichheitsdiskurs argumentierten Nagamatsu und Kikkawa: „If we see income inequality as a problem that must be corrected, first we should consider our employment and occupational systems." (2009: 90). Nagamatsu und Kikkawa beschreiben mit dieser Aussage einen neuen Fokus des Diskurses um Jugend und Arbeitsmarkt. Das Bild einer durch die Jugend selbstverschuldeten Misere konkurrierte nun mit der Ansicht, dass es sich um ein Problem der Arbeitsmarktstrukturen in Japan handelt. Einen der vielleicht radikalsten Reformansätze beschreibt Honda: Sie will die Übergangsphase in die Arbeitswelt auf einen Zeitraum nach der universitären bzw. schulischen Ausbildung festlegen, da junge Japaner nur noch eine Festanstellung annehmen, um nicht in prekäre Beschäftigung abzurutschen (Honda 2010: 30). Bereits Genda Yūji wies zwar schon auf die Ausbeutungspraxis junger Beschäftigter in Großunternehmen hin. Der Ungleichheitsdiskurs beschäftigte sich dennoch anfangs mit der irregulär und prekär beschäftigten Jugend, bis 2008 die Veröffentlichung „Burakku gaisha ni tsutometeirun dakedo, mō ore wa genkai kamo shirenai" (Kuroi 2008, „Ich bin bei einer schwarzen Firma angestellt, aber ich kann nicht mehr.") – basierend auf einem Thread eines jungen Arbeitnehmers im japanischen Forum *2channel* – als Buch veröffentlicht und 2009 verfilmt wurde. Das Schlagwort der *burakku gaisha* bzw. *burakku kigyō* („schwarze Unternehmen") zog die öffentliche Aufmerksamkeit und die der japanischen Forschung ab 2010 auf sich und wurde 2013 zum „Wort des Jahres" gewählt. Während die Diskurse um die selbstsüchtige Jugend und der Ungleichheit noch unter der Prämisse der regulär beschäftigten Jugend als „Gewinner" in der Arbeitsmarktkrise standen, stellte sich um 2010 die Frage, ob die regulär beschäftigte Jugend wirklich als „Gewinner" bezeichnet werden könnten. Die schwarzen Unternehmen stellten zwar weiter regulär Beschäftigte ein, ließen diese jedoch bis zur Kündigung so extrem Überstunden machen, dass die Beschäftigten nach einiger Zeit von alleine kündigten. Die Privilegien des japanischen Beschäftigungsmodells wie Senioritätsprinzip in Zusammenhang mit lebenslanger Beschäftigung konnten sie so gar nicht erst in Anspruch nehmen. Sie waren nur dem Titel nach regulär Beschäftigte (Hamaguchi 2013: 217 ff.).

Zusammenfassend lässt sich sagen, dass der Diskurs um Jugend und Arbeitsmarkt in Japan von 1990 bis zur heutigen Zeit einen Wandel mit drei Phasen durchlaufen hat, die gegenwärtig nebeneinander existieren. Die erste diskursive Phase stellte die Selbstmarginalisierung der Jugend, um sich Freizeit und Konsum widmen zu können, in den Vordergrund. Anschließend rückte die Prekarisierung der Jugend durch den Arbeitsmarkt für irreguläre Beschäftigte in den Fokus. Am Ende dieser Entwicklung thematisierte die Öffentlichkeit ganz konkret die Marginalisierung und Ausbeutung aller jungen Beschäftigten durch die Unternehmen, ganz gleich, ob sie irregulär oder regulär beschäftigt waren. Je nach Motivation und Hintergrund des jeweiligen Autors bestehen diese Argumentationsmuster parallel weiter. Allerdings zeigt sich der diskursive Wandel zu einer Thematisierung struktureller Marginalisierung junger Menschen und ausbeuterischer Unternehmenspraktiken auch in der Schaffung einer Abteilung im Arbeitsministerium, die Beschäftigungsmaßnahmen für junge Arbeitnehmer erarbeiten sollte (*jakunensha koyō taisakushitsu*). Diese Abteilung wurde erst 2004 gegründet, während es eine ähnliche Abteilung mit Fokus auf älteren Arbeitnehmern bereits seit 1982 gab (Hamaguchi 2013: 19).

Da die jungen Menschen diskursiv betrachtet nicht mehr allein für ihre missliche Lage verantwortlich waren, wurden Beschäftigungsmaßnahmen für die Jugend notwendig. Hamaguchi kommentiert die politische Zurückhaltung bezüglich der Jugendproblematik vor 2004 wie folgt:

Dass es bis dahin nur Beschäftigungsmaßnahmen für Mittel- und Oberschulabgänger gab und nicht für junge Menschen allgemein, hängt damit zusammen, dass man sicher war, dass es keine Probleme auf dem Arbeitsmarkt für junge Menschen gäbe. (Hamaguchi 2013: 19 f. e. Ü.)

Erst die zunehmende Fokussierung auf strukturelle Probleme des Arbeitsmarktes, wie sie durch Genda (2005) und andere Forscher angestoßen wurde, führte zu einer Hinwendung der Politik zur Arbeitsmarktproblematik junger Menschen.

2. Regionale Ungleichgewichte im Arbeitsmarkt: von funktionierender Arbeitskräftefluktuation zur regionalen Arbeitsmarktkrise

Es kann festgestellt werden, dass ein Problembewusstsein bezüglich des Übergangs in eine Beschäftigung durchaus die politische Reformen und Maßnahmen bedingen kann. Nachdem die Argumentation, dass die Selbstmarginalisierung der Jugend Ursache für die angespannte Arbeitsmarktsituation sei, an Durchschlagskraft verlor, war es möglich geworden, passende Gegenmaßnahmen zu erörtern. Betrachten wir den Unterdiskurs zur regionalen Ungleichheit in Japan, ist das Bild wesentlich komplizierter.

Anhand der Betrachtung der Diskussion um regionale Ungleichheit vor 1990 lässt sich auch erklären, wieso keine Problematisierung von regionaler Ungleichheit stattfand. Regionale Ungleichgewichte zwischen den ländlich geprägten Regionen und den urbanen Zentren sind in Japan kein Phänomen der Gegenwart, sondern bestanden bereits zu Zeiten des Hochwirtschaftswachstums in den 1960ern. Der entscheidende Unterschied zwischen der Zeit vor 1990 und der Wirtschafts- und Arbeitsmarktkrise seit dem Ende der *bubble economy* ist die Wahrnehmung dieser regionalen Ungleichgewichte. Für das japanische Wirtschaftswachstum der Nachkriegszeit vor 1990 spielten die ländlichen Regionen eine Schlüsselrolle, da sie die notwendigen Arbeitskräfte für die urbanen Zentren bereitstellten. Aus Sicht der Arbeitsmarktökonomie regulierte sich der interregionale Arbeitsmarkt von selbst, da das Überangebot an Arbeitskräften in den ländlichen Regionen auf eine starke Arbeitskräftenachfrage in den urbanen Zentren traf. Das sozioökonomische Gefälle zwischen den Regionen lenkte die ländliche Bevölkerung in die wirtschaftlich stärkeren urbanen Zentren.

Als Beispiel, dass regionale Ungleichheit als notwendiges Übel in Kauf genommen wurde, soll eine Studie von Mera Kōichi (1975) dienen, der ein Gesetz aus dem Jahr 1963 zur Verminderung der regionalen Ungleichheit durch Unterstützung der ländlich geprägten regionalen Wirtschaft kritisierte. Seiner Ansicht nach führten Versuche, die Einkommensdifferenz zu begleichen, zum Verlust von Produktivität. Die Qualität der Arbeitskraft spiegle sich zumindest teilweise in den Lohnunterschieden wider bzw. könne selbige erklären (Mera 1975: 65). Die Logik, der Mera damit folgt, ist, dass eine hohe Produktivität ein hohes Lohnniveau mit sich bringe, während niedrige Produktivität ein niedriges Lohnniveau bedinge. Regionale Faktoren, die Produktivität einschränken könnten, wie geografische Lage, regionaler Absatzmarkt und Transportkosten, führt er in seinen Berechnungen nicht an. Dennoch trifft er Aussagen, in deren Folge die finanzielle Unterstützung der Regionen guten Gewissens beschnitten werden konnte:

> […] [D]ie Redistribution von gesellschaftlichem Gesamtkapital ist unbestreitbar ein effektives Instrument, um regionale Einkommensungleichheiten zu vermindern. Jedoch ist es aus Sicht der gesamtstaatlichen Produktivität betrachtet kein wünschenswertes Instrument. (Mera 1975: 68, e. Ü.)

Maßnahmen zur Eindämmung regionaler Ungleichheit wurden in Hinblick auf den nationalen Arbeitsmarkt und die gesamtstaatliche Wirtschaft als kontraproduktiv betrachtet. Die Regionen hatten für die Gesamtproduktivität des Landes eine Abwanderung der Jugend in Kauf zu nehmen, wobei Elis und Lützeler (2008: 16 f.) anführen, dass die ländlich geprägten Regionen ebenfalls vom Wirtschaftswachstum der Nachkriegszeit profitierten und daher die regionalen Disparitäten nicht so stark wahrgenommen wurden. Die Abwanderung der Jugend in die urbanen Zentren wird insbesondere vor dem Hintergrund der alternden Gesellschaft Japans von Sozialwissenschaftlern problematisiert. Dieses Problem ist jedoch nicht erst seit Kurzem bekannt, sondern bereits seit den 1960ern, als die beschleunigte Alterung in Japans Regionen einsetzte (ebd.: 17 f.).

Eine Zunahme regionaler Ungleichheit seit den 1990ern hängt Higuchi (2008) zufolge mit dem „verlorenen Jahrzehnt" nach Ende der *bubble economy* zusammen. So beobachte er in Tōkyō einen Aufwärtstrend, während die ländlichen Gebiete wirtschaftlich zurückblieben. Die Zunahme der Arbeitslosigkeit unter jungen Beschäftigten als sozioökonomisches Problem sei eine Herausforderung der ländlichen Gebiete (Higuchi 2008: 5 f.). Gleichzeitig nähme die Mobilität ab, was einerseits demografische Ursachen habe, die Higuchi unter die Begriffe alternde

Gesellschaft und Geburtenrückgang fasst. Zugleich spielten wirtschaftliche Gründe besonders bei jungen Menschen eine Rolle. So gäbe es mittlerweile weniger Mobilität unter jungen Menschen als zu Zeiten der *bubble economy*, was auf wirtschaftliche Unsicherheit zurückzuführen sei (ebd.: 9 ff.). Dagegen habe intrapräfekturelle Mobilität von 1990 bis 2000 stark zugenommen, was Higuchi zu der Aussage verleitet: „[…] [T]he rate of young persons staying in their hometowns is on the rise." (ebd.: 11).

Ōta (2005) sowie Hirao und Shigematsu (2006) führten dieses Phänomen der sinkenden Mobilität durch das Schlagwort „Heimatorientierung" (*jimoto shikō*) in den regionalen Ungleichheitsdiskurs ein. Die Diskussion um eine stärkere Heimatverbundenheit der jungen Menschen geht einher mit der Sorge, dass die Mechanismen zur Anpassung der Arbeitsmarktnachfrage durch die Mobilität junger Menschen, ergo die Mobilität vom Land in die urbanen Zentren, nicht mehr funktionieren würden. Hierdurch könnte die Arbeitslosigkeit in den Regionen steigen. Eine steigende Jugendarbeitslosigkeit in den Regionen würde regionale Ungleichheiten verfestigen oder gar vertiefen (Ōta 2005: 18).

Anhand der Argumentation von Elis und Lützeler sowie Higuchi bzw. Ōta lassen sich zwei Sichtweisen auf das Problem regionaler Ungleichheit erkennen. Die erste Sichtweise setzt den Fokus auf die alternden Gesellschaften in den Regionen, ein Problem, das 2011 durch die Bilder aus dem Nordwesten Japans nach der Dreifachkatastrophe vom 11. März mit Erdbeben, Tsunami und Kernschmelze im Atomkraftwerk Fukushima Daiichi für alle Welt sichtbar wurde. Entgegen des medial im Ausland geprägten Bildes von Japan, das sehr Tōkyō-zentriert ist, sah man nun eine Region, in der vor allem alte Menschen zurückgeblieben waren (Harney 2011). Thematisiert man den demografischen Wandel in den Regionen, so ist die Abwanderung junger Menschen aus diesen ländlich geprägten Landstrichen ein Problem, das die Alterung der regionalen Gesellschaft beschleunigt. Wird dagegen regionale Ungleichheit aus Sicht der Arbeitsmarktökonomie betrachtet, so ist das Gegenteil der Fall. Das *Bleiben* der jungen Menschen in den Regionen, wie es Higuchi (2008) beschreibt, wird zum Problem. Wieso problematisieren Ökonomen nun diese Heimatorientierung junger Japaner, obgleich aus demografischer Sicht diese Tendenz erfreulich aufgenommen werden müsste?

Die Antwort auf diese Frage erschließt sich aus der Argumentation Meras (1975), der regionale Ungleichheit de facto als notwendiges Übel sieht, um die nationale Produktivität hochzuhalten. Das System der Arbeitskräftefluktuation in die urbanen Zentren funktionierte aus Sicht der Ökonomie tadellos, obgleich die Abwanderung in die urbanen Zentren zugleich als Beschleuniger des demografischen Wandels in den Regionen fungierte. Japans Jugend wanderte dorthin, wo die Nachfrage nach Arbeitskräften hoch war und entlastete so die regionalen Arbeitsmärkte, die der lokalen Jugend nicht ausreichend Beschäftigungsmöglichkeiten anbieten konnten. Im Grunde argumentieren Ökonomen wie Ōta nach einem Angebot-Nachfrage-System, für das regionale Ungleichheit und damit der Anreiz zur Mobilität entscheidend sind. Der Terminus Heimatorientierung drückt aus ökonomischer Sicht den Zusammenbruch der vormals funktionierenden Arbeitskräftefluktuation aus. Gleichzeitig sei die schwächer werdende Mobilität junger Menschen mit der allgemeinen Lage auf dem Arbeitsmarkt verbunden:

> Im Zuge der langen wirtschaftlichen Flaute halten sich die Unternehmen bei den Neueinstellungen zurück, was dazu führt, dass junge Menschen, selbst wenn sie sich von ihrer Heimat entfernen, nur schwer eine Arbeit finden, die gute Arbeitsbedingungen vorweist oder der eigenen Eignung entspricht. Aus diesem Grund verstärkt sich die Tendenz, dass man unter diesen Bedingungen in der Heimatregion bleibt. (Ōta 2005: 21; e. Ü.)

Ōta setzt die zunehmende Heimatverbundenheit von Japans Jugend damit mit der allgemein schlechten wirtschaftlichen Lage in Verbindung, die auch Japans urbane Zentren erfasst hat und die japanische Unternehmen dazu zwingt, die ökonomischen Lasten, die durch die älteren Arbeitnehmer entstehen, auf die Jugend abzuwälzen. Fraglich ist jedoch, ob Japans Jugend ausschließlich aus ökonomischen Gründen handelt. Widersprüchlich erscheint nämlich, dass Ōta sowohl die Abwanderung als auch die Heimatorientierung junger Menschen mit ökonomischen Motiven zu erklären versucht. Hier schließt sich Ōta der Argumentation Yamadas (2001) an und setzt die Heimatorientierung in die Nähe der sogenannten „Parasiten-Singles":

Es gibt zahlreiche Erklärungsansätze dafür, dass junge Menschen zur Heimatorientierung tendieren. Die jetzige junge Generation scheint es zu bevorzugen, ein entspanntes Leben unter der Fürsorge des elterlichen Hauses zu führen, als die Heimatpräfektur zu verlassen, um eine Anstellung zu finden und ein unabhängiges Leben zu führen. Auch die Eltern fühlen keine Belastung, dass die Kinder in der Nähe bleiben, da die Kinderzahl im Vergleich zu früheren Zeiten gesunken ist. (Ōta 2010: 192)

Ōtas Argumentation zeigt, wie sehr auch regionale Ungleichheit vom allgemeinen Diskurs um Jugend und Arbeitsmarkt geprägt ist und dass soziologische Erkenntnisse in die Wirtschaftswissenschaften einfließen können, obgleich der Diskurs um die Parasiten-Singles längst durch andere Argumentationsmuster überholt worden ist. Ist die Heimatorientierung also ein Problem, deren Ursachen in den individuellen Einstellungen der jungen Leute zu suchen sind, wie es lange Zeit im japanischen Diskurs zur *furītā*- und *NEET*-Problematik vorherrschende Meinung war?

3. Das Fallbeispiel Okinawa: *High road – low road – local track*

Okinawa kann als Fallbeispiel kaum eine repräsentative Funktion für Japans Regionen allgemein einnehmen. Zu prekär scheinen die wirtschaftlichen Rahmenbedingungen für eine erfolgreiche Arbeitsplatzsuche unter jungen Menschen. Tatsächlich belegt die Präfektur Okinawa unter den Regionen Japans zahlreiche (negative) Spitzenplätze: das niedrigste Lohnniveau, die niedrigste Anstellungsrate unter Schul- und Universitätsabgängern und die höchste Jugendarbeitslosigkeit Japans (Präfektur Okinawa 2014). Auch wenn Okinawa nicht repräsentativ sein kann, lässt sich durch die Extremsituation dieses regionalen Arbeitsmarktes jedoch verdeutlichen, welche Probleme sich in abgeschwächter Form in anderen regionalen Arbeitsmärkten vorfinden lassen.

Die Tatsache, dass die regionalen Disparitäten für die Abwanderung der Jugend verantwortlich sind und damit das sozioökonomische Gefälle und die Alterung der regionalen Gesellschaften beschleunigen, ist aus Sicht der Arbeitsmarktökonomie nicht zu bestreiten. Okinawa ist dennoch ein Sonderfall, denn obgleich die Jugend aus Okinawa abwandert, kehren viele junge Menschen nach einer Weile in ihre Heimat zurück – ein Phänomen, das in der japanischen Mobilitätsforschung als *u-turn* bezeichnet wird. Mit dem Phänomen der temporären Abwanderung in der Nachkriegszeit aus Okinawa auf die japanischen Hauptinseln befassen sich beispielsweise Kishi (2013) und Tani (1989). Die hohe Rückwanderungsrate junger Menschen aus Okinawa, verstärkt durch steigende Zuwanderungszahlen aus dem japanischen Kernland in den 2000er Jahren, macht Okinawa zum Sonderfall. Anders als viele andere ländlich geprägte Regionen weist es trotz fehlender wirtschaftlicher Attraktivität ein Bevölkerungswachstum auf (Präfektur Okinawa 2014).

Der Soziologe Andō Yoshimi (2014) weist auf Grundlage einer quantitativen Studie nach, dass das temporäre Verlassen der Heimat in Okinawa zwar verbreitet ist, ein Großteil der Befragten aber schon zum Zeitpunkt der Mobilitätsentscheidung beabsichtigte, nach Okinawa zurückzukehren. Dieser Faktor fehlt etwa bei Ōta völlig, der lediglich die Auswanderungs-, nicht jedoch die Rückwanderungsrate berücksichtigt. Andō argumentiert, dass sich die Form der regionalen Mobilität vor dem Hintergrund des kriselnden Arbeitsmarktes verändert. Auch wenn die Suche nach Arbeit bzw. der Besuch einer Universität nach wie vor die zentralen Gründe für die Abwanderung junger Menschen aus Okinawa sind, hat sich die Qualität der Arbeit grundlegend geändert. Waren in den 1970ern noch die meisten „Auswanderer" aus Okinawa nach Japan auf eine allgemeine, feste Anstellung aus, so hat sich dies spätestens in den 2000ern geändert und temporäre Beschäftigung oder Saisonarbeit spielen in jüngster Zeit eine weitaus größere Rolle. Die Krise des Arbeitsmarktes wird so zur Krise der Regionen, die seit jeher junge Arbeitskräfte für die urbanen Zentren bereitstellten (Andō 2014: 47).

Andō teilt die Gruppe der Okinawaner mit Mobilitätserfahrung in zwei Gruppen ein und nennt diese *low road* und *high road* (ebd.: 58). Wie allgemein in der Kohorte der jungen Arbeitnehmer zu beobachten ist, findet auch unter den jungen Leuten mit Mobilitätserfahrung eine zunehmende Polarisierung statt.[1] Die *high road* ist

---

[1] Auch wenn sozioökonomische Ungleichheit vornehmlich als Problem, das zwischen Alterskohorten besteht, betrachtet wird, nimmt die sozioökonomische Polarisierung innerhalb von Alterskohorten tatsächlich vornehmlich in der jüngsten Alterskohorte zu (Ōta 2010: 1).

demzufolge die Gruppe an jungen Menschen, die für ein Studium oder für eine Erstanstellung ins japanische Kernland (vornehmlich die urbanen Zentren) ziehen. Diese Gruppe geht in ihrem Zielort meist einer regulären Beschäftigung nach. Auch nach Rückkehr nach Okinawa lässt sich eine Kontinuität der Beschäftigungsart nachweisen. Die gleiche Kontinuität findet sich ebenso in der *low road*-Gruppe, die meist in Form von Saisonarbeit bzw. temporärer Beschäftigung einer Arbeit im japanischen Kernland nachgeht, dann nach der Rückkehr ebenfalls eine irreguläre Beschäftigung ausübt oder gar in die Arbeitslosigkeit abdriftet (ebd.: 55 ff.). Mobilitätsentscheidungen können demnach eine sozioökonomische Polarisierung bedeuten, die sich auch nach Rückkehr in die Heimat nicht auflöst. So bedingt die Arbeitsmarktkrise im japanischen Kernland eine Ausweitung der *low road*, gleichzeitig aber auch eine zunehmende Heimatorientierung, da insbesondere für Menschen mit geringer Bildung und niedriger Schicht die Hoffnung auf soziale Aufwärtsmobilität immer geringer wird. Es kann festgehalten werden, dass die Gruppe mit der schwächsten sozioökonomischen Position (Oberschulabsolventen) nach wie vor eine gewisse Mobilität aufweist, während dies für junge Menschen mit höherem Humankapital nicht der Fall ist. Es darf daher nicht verwundern, dass junge Menschen, insbesondere mit Universitätsabschluss, immer seltener zu regionaler Mobilität bereit sind. Schließlich verspricht die Mobilitätsentscheidung keinen sozioökonomischen Aufstieg für die Jugend, sondern verfestigt den bisherigen Status sogar.

Abbildung 1 verdeutlicht, dass die (zeitweilige) Abwanderung ins japanische Kernland für viele ältere Bewohner Okinawas ein integraler Bestandteil ihres Lebenslaufs war. Für die jüngere Generation hingegen ist die Mobilitätserfahrung weniger entscheidend und wird gegenüber der Arbeitsplatzsuche in der Heimatregion marginalisiert. Heimatorientierung ist ein statistisch klar nachweisbares Phänomen in Okinawa und in abgeschwächter Form auch in anderen Regionen Japans vorzufinden. Gleichzeitig zeigt Abbildung 1, dass die von Ōta befürchtete Kausalität zwischen der Heimatorientierung und der zunehmenden Polarisierung der Regionen nicht auf Okinawa zutrifft. Die Anstellungsmöglichkeiten haben sich in Okinawa besonders seit der Jahrtausendwende stark erweitert. Ein Zusammenhang mit dem ersten Okinawa-Boom (beginnend 2001 mit der Ausstrahlung des TV-Dramas *Chura-san*)

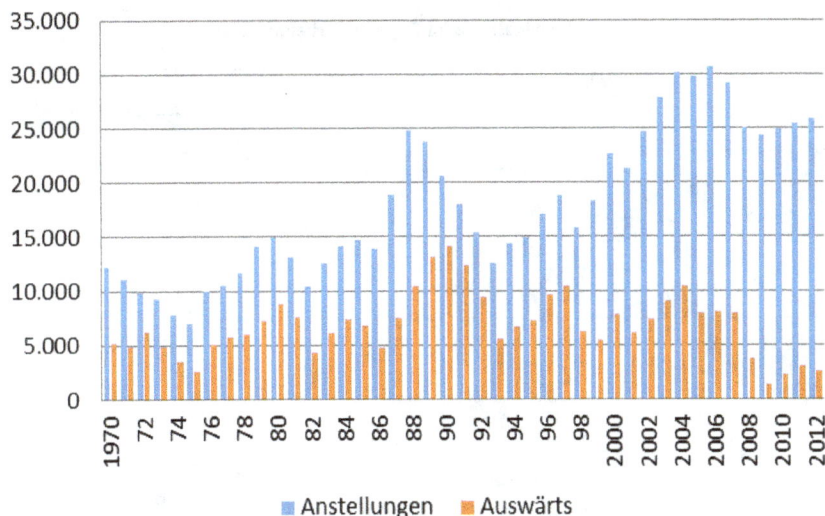

Abb. 1: Anstellungen in der Präfektur Okinawa gesamt und davon außerhalb der Präfektur Okinawas von 1970 bis 2012 (Quelle: Amt für Arbeit Okinawa 2014).

ist zumindest naheliegend, da der Zustrom an Touristen auch mit einer verstärkten Arbeitskräftenachfrage im Tourismus- und Dienstleistungssektor einherging.

Abbildung 2 verdeutlicht die Entwicklung hin zur Heimatorientierung, indem die Gesamtanstellungen in Relation zu den Anstellungen außerhalb der Präfektur Okinawa gesetzt werden. Die geschichtliche Entwicklung zeigt, dass die Arbeitsplatzsuche außerhalb Okinawas kein Sonder-, sondern eher noch der Regelfall war. So lag der Anteil der Arbeitsplatzsuchenden, die die Präfektur Okinawa verließen, bis in die 1990er bei über 40 %, mit Spitzenwerten während der *bubble economy* von fast 70 %. 2007 brach die bis dahin noch relativ stabil über 20 % liegende Abwanderungsrate ein, sodass 2009 lediglich 5,8 % aller Anstellungen außerhalb Okinawas angetreten wurden. Trotz einer Entspannung dieser Situation erreichte die Abwanderungsrate bis 2012 nicht annähernd das Niveau der Vor-Krisenzeit.

Mobilitätsrate im Zuge der Arbeitsplatzsuche

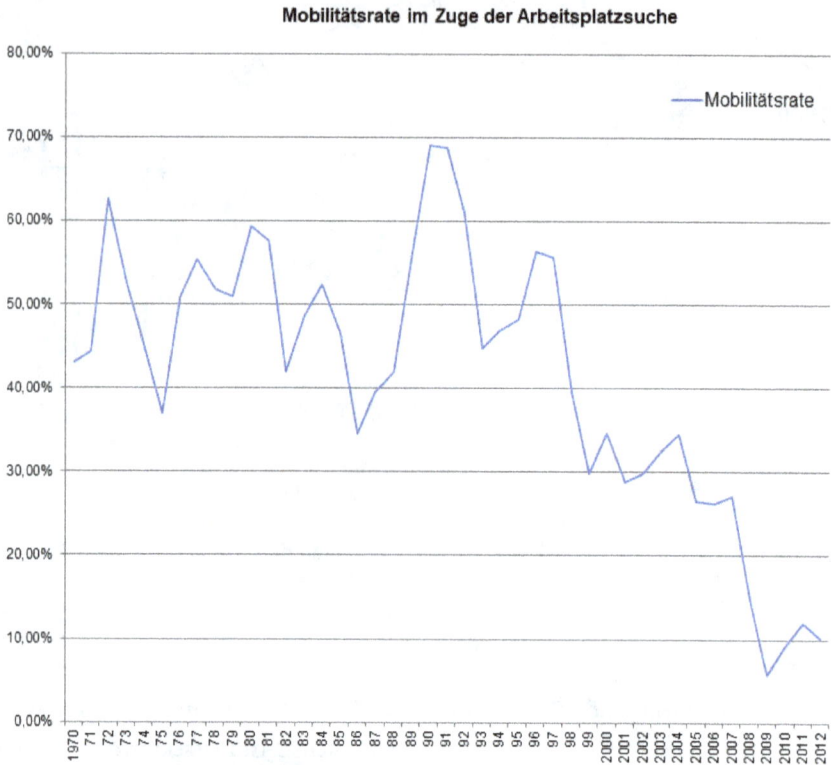

Abb. 2: Anteil der angetretenen Anstellungen außerhalb der Präfektur Okinawa in Relation zu den Gesamtanstellungen von 1970 bis 2012 (Quelle: Amt für Arbeit Präfektur Okinawa 2014).

Was diese Daten nicht zeigen können, ist die Rückwanderungsrate. Hier muss auf die Ergebnisse Andōs zurückgegriffen werden, der eine schwächere Kopplung zwischen dem Übergang in den Arbeitsmarkt und der regionalen Mobilitätsentscheidung bei der jüngeren Kohorte festgestellt hat, was mit der zunehmenden Heimatorientierung von jungen Menschen mit Universitätsbildung zusammenhängt (Andō 2014: 54). Wenn jedoch die regionale Mobilität eine schwächere Rolle bei der

Arbeitsplatzsuche spielt, so ist zu hinterfragen, was die Charakteristika der heimat-verbundenen Jugend sind und welche Gründe hinter der Entscheidung zur Nicht-Abwanderung stehen. Uehara (2014) beschreibt die Arbeitssuche junger Leute in Okinawa als *local track*, der, einmal betreten, nicht mehr verlassen werden könne (ebd.: 85). Auf Grundlage von qualitativen Interviews macht Uehara vier Merkmale dieses *local tracks* aus:

1. Der älteste Sohn hat Verantwortung für die Familie (Eltern) zu übernehmen, sodass es ihm verboten ist, die Heimatregion zu verlassen.
2. Die Beschäftigung als Beamter ist ein zentraler Weg, um die schwierige Arbeitsmarktsituation in Okinawa zu umgehen.
3. Soziale Netzwerke und der Lebensmittelpunkt spielen eine zentrale Rolle.
4. Mehrfach wurde erwähnt, dass eine feste und sichere Anstellung erst spätestens bis zum 30. Lebensjahr angetreten werden müsse. (ebd.: 101 f.)

Auf zwei zentrale Motive zusammengefasst ist der *local track* in Okinawa geprägt durch *soziale Bindungen* und durch einen vergleichsweise *unstrukturierten Übergang in den Arbeitsmarkt*. Die sozialen Bindungen sind es auch, die eine Erklärung einerseits für die Heimatorientierung und andererseits für die hohe Rückwanderung nach Okinawa geben können. Für japanische Arbeitsmarktökonomen muss die fehlende Rigidität des Übergangs in eine Erstbeschäftigung auf den ersten Blick wie ein Beweis für die Schwäche des regionalen Arbeitsmarktes wirken, jedoch argumentiert Uehara, dass sich die sozioökonomische Lage für junge Menschen mit zunehmenden Alter bessert, auch wenn viele Universitätsabsolventen anfangs in irreguläre Beschäftigung oder gar in die Arbeitslosigkeit abdriften (Uehara 2014: 91). So liegt die Arbeitslosigkeit nur bei der jungen Kohorte (bis zum 29. Lebensjahr) weit über dem Landesdurchschnitt und sinkt dann für alle Kohorten über dem 30. Lebensjahr auf ca. 5 % im Jahr 2013 (Präfektur Okinawa 2014). So ist das Problem der hohen Arbeitslosigkeit in Okinawa im Grunde ein Problem der Jugendarbeitslosigkeit und damit eng mit dem unstrukturierten Übergang in den Arbeitsmarkt verbunden (Uehara 2014: 91 f.). Wie auch Andō weist Uehara damit auf das niedrigere Problembewusstsein bezüglich der persönlichen Arbeitsmarktsituation hin, das sich in einer schwächeren Bedeutung des Übergangs (sowohl für die regionale Mobilität als auch für die Suche nach einer „sicheren" Beschäftigung) an sich manifestiert. Obgleich Arbeitsmarktökonomen wie u. a. Ōta dieses Phänomen mit großer Sorge betrachten und tatsächlich die Gefahr einer sozioökonomischen Polarisierung sowohl innerhalb der jungen Kohorte als auch zwischen den Regionen besteht, bevorzugen junge Leute ihre Heimatregion. Ein möglicher Grund könnten die sozialen Netzwerke in der Heimatregion sein, wenngleich Uehara die Bedeutung dieser Netzwerke für die Heimatorientierung nicht statistisch belegen kann.

Einen anderen Erklärungsansatz hält Abe (2013) bereit, der die Verbesserung der Infrastruktur und damit der Lebensqualität in den Regionen sowie die zunehmende Motorisierung der Jugend für ein entscheidendes Kriterium bei der Heimatorientierung junger Menschen erachtet. Insbesondere die regionalen Städte seien besonders häufig Wunschziel der einheimischen Jugend, da sie zwischen dem „langweiligen Land" und der „faszinierenden Großstadt" ein „moderates Paradies" (*hodohodo paradaisu*) seien (Abe 2013: 31 ff.). Ausdruck der zunehmenden Motorisierung der regionalen Jugend und der verbesserten Lebensqualität bzw. der besseren Freizeitgestaltung seien große Einkaufszentren, wie das Einkaufszentrum *Aeon Mall* in der von Abe untersuchten Präfektur Okayama:

> Sie [die jungen Menschen in Okayama; Anm. d. A.] entfernen sich von ihrem unmittelbaren Wohnort, in dessen Nähe es keine Orte gibt, um Spaß zu haben. Dabei nehmen sie sich einen ganzen Tag Zeit und genießen die Spazierfahrt mit dem Auto, das Einkaufen, das Kino und das Essen gehen. Das alles ist sehr gut verpackt und diese Form der Freizeitgestaltung lässt sich sehr gut als „Ausflug" bezeichnen. (ebd.: 25)

Natürlich ist diese Jugend nicht sorgenfrei. Abe betont aber nicht nur die sozialen und wirtschaftlichen Zwänge, denen junge Menschen mitunter in ihrer ländlichen Heimatregion ausgesetzt sind, sondern sieht die verbesserte Lebensqualität und Infrastruktur in den Regionen als gewichtigen Faktor. Einhergehend mit der Motorisierung und der Entgrenzung der Freizeitgestaltung stellt Abe noch einen wichtigen

Zusammenhang fest: Obwohl die sozialen Bindungen zu Freunden und Familie bei den untersuchten jungen Menschen stark waren, war dies bei den Beziehungen zur lokalen Gemeinschaft nicht der Fall. Auch wenn die Jugend somit in den Regionen verbleibt, zieht sie sich aus der lokalen Gemeinschaft zurück und unterhält dabei gleichzeitig enge Bindungen zu Familie und Freunden (ebd.: 45 ff.). Das Bild der starken Gemeinschaft in den ländlichen Regionen Japans gilt also nicht für die Jugend. So ist auch der *local track* nach Uehara (2014) in Okinawa durch enge Beziehungen zur Familie (Bedeutung des ältesten Sohnes) und Freunden bestimmt, die als soziales Netzwerk fungieren.

4. Qualitatives Interview –
„Okinawa ist der Ort, an den ich zurückkehren kann"

Das Gespräch mit Minako (Name geändert) fand im April 2014 in Okinawa statt und war ein Leitfaden-basiertes Interview zu Mobilitätsentscheidungen und der Suche nach Arbeit. Minako war zum Zeitpunkt des Interviews 27 Jahre alt und arbeitete seit anderthalb Jahren in Okinawa bei einer ausländischen Consulting-Firma, deren Hauptsitz sich in Tōkyō befindet. Sie studierte an der Ryūkyū-Universität Medienwissenschaften und schloss 2011 ihr Studium ab. Ihre einzige Mobilitätserfahrung bis zum Eintritt in die Universität besteht in einem zwei- bis dreijährigen Aufenthalt auf der Insel Ishigaki in der Präfektur Okinawa. Dort wurde sie eingeschult, kehrte anschließend auf die Hauptinsel Okinawa zurück und hatte bis zum Eintritt in die Universität die Präfektur Okinawa nie dauerhaft verlassen. Die zentralen Übergangsprozesse in Japan (Universitätseintritt und Erstanstellung) waren für Minako die Möglichkeiten, ihre Heimat Okinawa zu verlassen und auf den japanischen Hauptinseln zu leben

Ihr Wunsch war es, Medienwissenschaften zu studieren, gleichzeitig war die Wahl ihrer Universität auf staatliche Hochschulen beschränkt, da ihre Eltern ihr ansonsten das Studium nicht hätten finanzieren können. So versuchte sie anfangs ihr Glück an der staatlichen Universität in Yokohama und scheiterte bei der zentralen Universitätseintrittsprüfung (*sentā shiken*). Nach einem Jahr, das sie als sogenannter *rōnin*[2] verbrachte, entschied sie sich für die einzige staatliche Universität in der Präfektur Okinawa und begann ihr Studium der Medienwissenschaften an der Ryūkyū-Universität. Während ihres Studiums verbrachte sie ein Auslandsjahr in Deutschland. Direkt im Anschluss begann Minako ihre Arbeitsplatzsuche (*shūshoku katsudō*). Abermals versuchte Minako außerhalb Okinawas in Tōkyō eine Anstellung zu finden, da sie sich einen Arbeitsplatz im Bereich Medien wünschte und Tōkyō „mehr Möglichkeiten biete". Die Arbeitsplatzsuche außerhalb ihrer Heimatregion scheiterte und Minako drohte erneut *rōnin* zu werden. Ihr Ziel, in der Medienbranche zu arbeiten, gab sie vollends auf und kam bei der Steuerberatung ihres Vaters unter.

Hier sind zwei Punkte auffällig, die Uehara bereits aufgezeigt hat: soziale Netzwerke und der unstrukturierte Übergang in den Arbeitsmarkt in Okinawa. Das Scheitern im Übergang in die Arbeitswelt konnte Minako durch ihr Sozialkapital auffangen, auch wenn sie hierfür ihren Plan, außerhalb ihrer Heimatregion zu arbeiten, aufgeben musste. Die Möglichkeit, bei ihrem Vater zu arbeiten und gleichzeitig eine Fortbildung zur Steuerberaterin und Buchhalterin voranzutreiben, machte es für sie erst möglich, ihre jetzige Anstellung anzutreten. Mit 26 Jahren konnte Minako also eine feste Anstellung finden, die sie nun nicht aufgeben will.

Da die Consulting-Firma, in der sie tätig ist, eine ausländische Firma ist, gäbe es kein Senioritätsprinzip, sondern die Bezahlung erfolge allein nach Leistung und Qualifikation. Insofern waren die anderthalb Jahre in der Firma ihres Vaters, in denen sie Erfahrung und Qualifikationen sammeln konnte, keine verschwendete Zeit, sondern, in der Rückschau betrachtet, notwendig. Die Anstellungspraxis ihrer jetzigen Arbeitsstelle sei zudem nicht so rigide strukturiert, wie das bei japanischen Großunternehmen oft der Fall ist. Anstellungen geschähen das ganze Jahr hindurch, die Abfolge bezeichnet Minako als „eigentümlich" (*tokushu*). So fiel das Stellengesuch genau in die Zeit, in der Minako abermals darüber nachdachte, ihr Glück in

---

[2] Ursprünglich Bezeichnung für einen herrenlosen Samurai. Der Terminus wird gegenwärtig jedoch angewandt auf junge Menschen, die den Universitätseintritt oder den Eintritt in den Arbeitsmarkt verpassen und für ein oder mehrere Jahre keiner Institution (Firma, Universität) zugehörig sind.

Tōkyō zu versuchen. Ihr Zögern bezüglich der Abwanderung begründete sie wie folgt: „Ich dachte daran [nach Tōkyō zu gehen; Anm. d. A.], aber das ist etwas *risky*. Dann kam die Stellenanzeige meiner jetzigen Firma. Das war gutes Timing."

Nachdem ihre Pläne, ihre Heimatregion zu verlassen, bereits zwei Mal gescheitert waren, ist es nicht verwunderlich, dass Minako ein erhöhtes Risikobewusstsein bezüglich der Abwanderung entwickelte und sich mit der Situation in ihrer Heimatregion arrangiert hatte. Gleichzeitig verlief ihre Bewerbung im Grunde wie in jedem japanischen Unternehmen auch: Sie besuchte eine Informationsveranstaltung des Unternehmens, gab ihre Bewerbung (*entorii shiito*, engl. *entry sheet*) ab und wurde daraufhin zum Bewerbungsgespräch eingeladen. Was an dieser Anstellungspraxis „eigentümlich" war, war das zweimonatige Probearbeiten vor der endgültigen Anstellung. Da die japanische Anstellungspraxis vorsieht, dass die Eignung des Kandidaten bereits durch die Bewerbungsgespräche und etwaige Eignungstests festgestellt werden könne, war für Minako die Probearbeit „eigentümlich", während die gleiche Praxis in westlichen Ländern durchaus verbreitet ist. Sie sagte hierzu: „Während der Suche nach der Erstanstellung ist es für japanische Studierende unvorstellbar, zwei Monate lang zur Probe zu arbeiten." Für Minako war es nur möglich, weil sie bereits die Universität verlassen hatte und durch die Arbeit bei ihrem Vater zeitlich flexibel war. Zudem fand sie die Probearbeit „wenig aufschlussreich", da sie im Grunde Arbeiten verrichtete, „die jeder hätte machen können".

Interessante Einblicke gewährte Minako auch hinsichtlich der Unterschiede zwischen der Firmenzentrale in Tōkyō und der Abteilung in Okinawa. So sind in der lokalen Niederlassung in Okinawa ca. 50 Personen angestellt, von denen alle aus Okinawa stammen. Ausnahme sind drei bis vier Angestellte, die von der Firmenzentrale in Tōkyō entsandt werden, um die Arbeitsabläufe in Okinawa zu kontrollieren. So war bereits in ihrem Bewerbungsgespräch ein Angestellter der Firmenzentrale anwesend. Zwar werden regelmäßig leitende Angestellte aus der Firmenzentrale nach Okinawa geschickt, von Okinawa nach Tōkyō ist jedoch noch niemand gewechselt. Auch wenn der Arbeitsinhalt innerhalb der Firma sich nicht wesentlich unterscheidet, sei der größte Unterschied zwischen Tōkyō und Okinawa der Lohn. Wenn man von der Qualifikation mal absieht, erhalten Angestellte in Okinawa nach

Minakos Schätzung zwei Drittel des Gehalts eines normalen Angestellten in der Firmenzentrale: „In Okinawa ist aus irgendeinem Grund dieser Lohn eine etablierte Ansicht" (*teisetsu*). Minako versteht nicht, wieso die gleiche Firma für die gleiche Arbeit nicht die gleichen Löhne zahlt und bezeichnet die Einkommensdifferenz als eine „etablierte Ansicht". Zwar seien die Lebenshaltungskosten in Okinawa durchaus niedriger, aber das könnte keine derart große Differenz erklären. Obgleich sie die Bezahlung in ihrer Firma als leistungsorientiert bezeichnet, wird die interregionale Einkommensdifferenz übernommen. Interessant ist, dass die aus Tōkyō entsandten Angestellten weiterhin den Lohn erhalten, den sie bereits in Tōkyō erhalten haben und das Lohnniveau nicht an die Region angepasst wird. Scheinbar sind nur Angestellte, die aus Okinawa stammen, auch bereit, für dieses Gehalt zu arbeiten. So seien viele Angestellte zwar auf den japanischen Hauptinseln zur Universität gegangen, zur Arbeitsplatzsuche jedoch nach Okinawa zurückgekehrt. Zudem ließe die Firmenzentrale einfache Arbeiten oftmals in Okinawa erledigen: „Aufträge, die eigentlich jeder erledigen könnte, werden zu uns geschickt". Auch wenn die Auftraggeber gar nicht in den Verantwortungsbereich Okinawas fielen, könnten durch diese Praxis „Kosten gespart" werden. Dies untermauert abermals Minakos Eindruck, dass für die gleiche Arbeit unterschiedliche Löhne gezahlt werden. Mit Ausnahme vom Gehalt mag sie ihre Arbeit. So sei auch die Mobilitätsentscheidung letztlich immer hinter die Frage des Arbeitsumfelds (*shigoto suru kankyō*) zurückgetreten: „Die Arbeit hier hat einen Wert (*yarigai*)[3] an sich".

Mehr noch als der Entlohnung weist Minako dem Inhalt der Arbeit und dem Arbeitsumfeld eine höhere Bedeutung zu und akzeptiert damit die Ungleichheit, die sie durchaus wahrnimmt. So nimmt sie auch (bezahlte) Überstunden und Wochenendarbeit in Kauf, um ihren Arbeitsplatz erhalten zu können. Wenn die Anzahl der Aufträge zunimmt, arbeitet sie mit ihren Kollegen von 9 Uhr morgens bis 1 Uhr in der Nacht und zusätzlich auch noch am Wochenende. Gefragt, ob in solchen Zeiten

---

[3] *Yarigai* bedeutet, dass die Arbeit einen tieferen Wert oder Sinn hat. Die Arbeit darf nicht sinn- oder nutzlos erscheinen. Insofern entspricht diese Bezeichnung noch am ehesten dem deutschen Ausdruck „Beruf als Berufung".

keine Neueinstellungen notwendig seien, antwortet sie, dass dies in weniger stressigen Zeiten die Personalkosten nur unnötig erhöhen würde. Abschließend gefragt, was sie mit Tōkyō verbinde, antwortete sie nach langem Überlegen:

„Man hat eine Verbindung zur Welt" (*sekai ni tsunagaru*). Die Bedeutung Okinawas charakterisiert sie ohne jegliches Zögern als „Ort, an den ich zurückkehren kann" (*kaeru basho*). Auf Nachfrage fügt sie hinzu: „Ich bereue, dass ich Okinawa nie verlassen konnte." Ihr Leben hätte sicherlich einen anderen Verlauf genommen, wenn sie es auf die Universität in Yokohama geschafft hätte oder die Arbeitsplatzsuche in Tōkyō erfolgreich verlaufen wäre. Tōkyō, das ist für Minako ein Ort mit zahlreichen Möglichkeiten. So ist das gescheiterte Verlassen der Heimat für Minako auch ein Verpassen von Möglichkeiten, die sie in Okinawa so nie sah.

5. Wohin zieht es Japans Jugend?

Die Frage nach der Mobilität junger Menschen und insbesondere die Frage nach dem zukünftigen Arbeitsplatz verdeutlichen, welche grundlegenden Tendenzen sich in Japans Regionen finden lassen. Das extreme Absinken der Mobilitätsrate nicht nur in Okinawa, sondern auch in anderen Regionen Japans, mag von Ökonomen wie Ōta problematisiert werden. Vor dem Hintergrund des angespannten Arbeitsmarktes für junge Arbeitnehmer und der zunehmenden Thematisierung ausbeuterischer Praktiken durch Unternehmen wird die Heimatregion zum letzten Rückzugsort.

So verbindet auch Minako mit Tōkyō viele positive Aspekte, sagt zugleich jedoch, dass ein Umzug zu riskant sei. Heimatorientierung kann demnach als Form der Risikoaversion verstanden werden. Die Einordnung der Heimat als „Rückzugsort" würde jedoch der Argumentation Ōtas entsprechen, der in der Heimatorientierung lediglich eine spezielle Form der „Parasiten-Singles" sieht. Tatsächlich muss ein Verbleib in der Heimatregion nicht heißen, dass man mit den Eltern zusammenlebt.

Ein weiterer Aspekt, der allgemein in Arbeitsmarktdaten nicht berücksichtigt wird, ist das Scheitern beim Übergang. So werden zwar Zahlen erhoben, wie viele junge Menschen außerhalb Okinawas eine Anstellung antreten, gleichzeitig jedoch ist unklar, ob diese Individuen überhaupt den Versuch unternehmen, außerhalb ihrer Heimatregion Fuß zu fassen oder ob für sie ein Umzug überhaupt nicht infrage kommt. So ist Minako auch ein gutes Beispiel, um aufzuzeigen, was die allgemein erhobenen Daten nicht zeigen können. Da sie keine Zusicherung einer Arbeitsstelle (*naitei*)[4] erhalten hat, gilt ihre Arbeitsplatzsuche (den erhobenen Daten zufolge) als „nicht erfolgreich", obgleich sie bei ihrem Vater angestellt war. Zugleich zeigt ihre gescheiterte Arbeitsplatzsuche auf den japanischen Hauptinseln, dass der *local track* nicht immer eine freiwillige Entscheidung sein muss. So war Minako beispielsweise durch die wirtschaftliche Situation ihres Elternhauses gezwungen, eine staatliche Hochschule zu besuchen – ein Aspekt, der die starke sozioökonomische regionale Ungleichheit zwischen Okinawa und dem Rest des Landes widerspiegelt.

Die regionale Ungleichheit taucht zudem in der Beschreibung des Gehalts auf. Dass für die gleiche Arbeit bei gleicher Qualifikation im gleichen Unternehmen unterschiedliche Löhne gezahlt werden, ist logisch schwer begründbar. So scheint diese Praxis aus Sicht des Unternehmens eine Möglichkeit zu sein, Kosten zu sparen und dabei lediglich auf das regional unterschiedliche Gehaltsniveau zu verweisen, welches wiederum eine „akzeptierte Ansicht" ist. Verwunderlich ist daher nicht, dass fast alle Angestellten auch aus Okinawa stammen. Trotz der Unzufriedenheit bezüglich dieses regionalen Lohngefälles treten andere Aspekte in den Vordergrund. Für junge Menschen kann die „Sinnhaftigkeit" (*yarigai*) einer Arbeit und ein gutes Arbeitsumfeld durchaus die Nachteile eines harten Arbeitsalltags mit Überstunden, Wochenendarbeit und niedrigen Löhnen aufwiegen. „Schwarze Unternehmen" beuten ihre junge Belegschaft demnach so sehr aus, dass die Sinnhaftigkeit der Arbeit diese Praxis nicht mehr aufwiegen kann. Aus deutscher Sicht mag der Arbeitsalltag von Minako bereits einer ausbeuterischen Praxis entsprechen, jedoch teilt Minako selbst diese Ansicht nicht, da sie Arbeitsumfeld und Sinnhaftigkeit der Arbeit nach wie vor stärker gewichtet.

---

[4] Inoffizielles Dokument, das dem Studierenden nach Ende des Studiums eine Stelle zusichert. Da die Unterzeichnung eines Arbeitsverhältnisses während des Studiums nicht infrage kommt und sowohl Studierende als auch Arbeitgeber (insbesondere Großunternehmen) frühzeitig wissen wollen, ob der Bewerber die Stelle auch antritt, werden diese Dokumente als faktisch bindende Vereinbarung an erfolgreiche Bewerber verschickt.

Minako ist somit ein ideales Beispiel für den *local track* in Okinawa. Die Bedeutung sozialer Netzwerke und der, nach japanischen Maßstäben, unstrukturiert wirkende Übergang in den Arbeitsmarkt sind bei ihr eindeutig erkennbar. Interessant ist jedoch, dass für sie die *high road* (nach Andō) Priorität hatte. Ihre Aussage, dass Okinawa der Ort sei, an den sie zurückkehren könne, legt zudem die Vermutung nahe, dass die Rückkehr in die Heimat, der von Andō beschriebene *u-turn*, wahrscheinlich wäre. In Minakos Fall hat das Scheitern, auf die *high road* zu gelangen, ihre Arbeitsplatzsuche in der Heimat bedingt. Die erfolgreiche Arbeitsplatzsuche in ihrer Heimat trat für sie anfangs hinter die Möglichkeiten, die ihr der Großraum Tōkyō bieten konnte. Gleichzeitig waren es ihre sozialen Netzwerke, die den gescheiterten Übergang auffingen und ihr so die Möglichkeit gaben, einen alternativen Lebensweg zu beschreiten.

Der Rückzug in die Heimat ist keinesfalls gleichbedeutend mit einer verminderten Risikobereitschaft der japanischen Jugend. Viel mehr besteht die Möglichkeit, dass die Heimatregion zum Auffangnetz für die risikobereite, aber gescheiterte Jugend geworden ist, da sich die Arbeitsmarktlage für junge Menschen in ganz Japan deutlich verschärft hat. Dies wiederum würde bedeuten, dass es zwischen der *high road*, dem strukturierten Übergang in eine feste und reguläre Arbeit außerhalb Okinawas, und dem *local track*, dem unstrukturierten Übergang mithilfe von sozialen Netzwerken in Okinawa, Hürden gibt, die nicht allein mit der Mobilitätsbereitschaft der jungen Menschen in Verbindung stehen. Denkbar sind wirtschaftliche Beeinträchtigungen, familiäre Pflichten und auch die höhere Bedeutung von *yarigai* gegenüber regional unterschiedlicher Entlohnung. Während der Diskurs um Jugend und Arbeit sich seit Beginn der Arbeitsmarktkrise in den 1990ern einem stetigen Wandel und einer Pluralisierung der Standpunkte unterworfen sah, sind die Standpunkte in der Diskussion um regionale Ungleichheit geprägt von der Diskussion um den demografischen Wandel und das Problem der zusammenbrechenden Arbeitskräftefluktuation. Da diese beiden Aspekte miteinander in Zusammenhang stehen, ist eine Analyse der Motive und Formen von interregionaler Mobilität notwendig, um die Gründe für Heimatorientierung bzw. Mobilität deutlich zu machen.

Quellenverzeichnis

ABE, Masahiro. 2013. *Chihô ni komoru wakamonotachi – tokai to inaka no aida ni shutsugen shita atarashii shakai* [Die Jugend, die sich in die Regionen zurückzieht – Eine neue Gesellschaft, die sich zwischen Stadt und Land entwickelt hat]. Tōkyō: Asahi Shinbun Shuppan.

ANDŌ, Yoshimi. 2014. „Seijinki he no ikō to U-tān" [„Mobilität und U-Turn während des Erwachsenseins"]. In: TANI, Tomio; ANDŌ, Yoshimi; NOIRI, Naomi (Hg.): *Jizoku to hen'yō no Okinawa shakai* [Kontinuität und Wandel in der Gesellschaft Okinawas], 45–64. Kyōto: Minerva.

ELIS, Volker; LÜTZELER, Ralph. 2008. „Regionalentwicklung und Ungleichheit: Raumdisparitäten als Thema zur Prime time – eine Einführung". In: *Japanstudien* 20: 15–33.

GENDA, Yūji. 2005. *A Nagging Sense of Job Insecurity*. Tōkyō: LTCB.

HIGUCHI, Yoshio. 2008. „Circumstances behind Growing Regional Disparities in Employment". In: *Japanese Labor Review* 5 (1): 5–35.

HIRA, Motohiko; SHIGEMATSU, Masanori. 2006. „Daigaku no jimotoshikōsei to shūshokuishiki" [„Consciousness survey on undergraduate students: Hometown-oriented career perspectives"]. In: *Daigaku kyōiku* 2006 (3): 161–168.

HONDA, Yuki. 2010. „Daigaku to shigoto to no setsuzoku wo toinaosu" [„Die Verbindung zwischen Universität und Arbeit hinterfragen"]. In: *Gakujutsu no dōkō – tokushū* [Tendenzen der Wissenschaft – Sonderausgabe] 1: 28–35.

KISHI, Masahiko. 2013. *Dōka to tashaka – Sengo Okinawa no hondo shūshokushatachi* [Assimilierung und Othering – Arbeiter aus Okinawa auf den japanischen Hauptinseln in der Nachkriegszeit]. Kyōto: Nakanishiya.

MERA, Kōichi. 1975. „Shakai shihon saibunpai ni yoru chi'iki kakusa shukushō seisaku ni tsuite" [„Über die Redistribution gesellschaftlichen Gemeinschaftskapitals als politische Maßnahme zur Reduktion der interregionalen Ungleichheit"]. In: *Studies in Regional Science 6 (0) – The Japan Section of the Regional Science Association International*: 63–70.

NAGAMATSU, Namie; KIKKAWA, Tōru. 2009. „The Education Gap in the Postindustrial Era". In: *The Japanese Economy* 36 (3): 61–95.

ŌTA, Sōichi. 2005. „Chi'iki no naka no jakunen koyōmondai" [„Die Arbeitsmarktproblematik junger Menschen in den Regionen"]. In: *Nihon rōdō kenkyū zasshi* [Zeitschrift für japanische Arbeitsforschung] 539: 17–33.

ŌTA, Sōichi. 2010. *Jakunensha shūgyō no keizaigaku* [Wirtschaftswissenschaft zur Arbeit junger Menschen]. Tōkyō: Nihon Keizai Shinbun-shuppansha.

SATO, Yoshimichi. 2009. „Gendai nihon no kaisō kōzō no ryūdōsei to kakusa" [„Inequality and Fluidization of the Social Stratification System in Contemporary Japan"]. In: *Shakaigaku hyōron* [Japanese Sociological Review] 59 (4): 632– 647.

TANI, Tomio. 1989. *Kajō toshika shakai no idō sedai. Okinawa seikatsushi kenkyū.* [Die mobile Generation in der überurbanisierten Gesellschaft – Lebenslaufforschung in Okinawa]. Hiroshima: Hiroshima Joshi Daigaku.

UEHARA, Kentarō. 2014. „Okinawa daisotsusha no rōkaru torakku" [„Der *local track* von Universitätsabsolventen in Okinawa"]. In: TANI, Tomio; ANDŌ, Yoshimi; NOIRI, Naomi (Hg.): *Jizoku to hen'yō no Okinawa shakai* [Kontinuität und Wandel in der Gesellschaft Okinawas], 83–105. Kyōto: Minerva.

YAMADA, Masahiro. 2001. „Parasite Singles Feed on Family System". In: *Japan Quarterly* 48 (1): 10–16.

YAMADA, Masahiro. 2007. *Kibō kakusa shakai - makegumi no zetsubōkan ga nihon wo hikisaku* [Gesellschaft der Erwartungsdifferenzen - Die Verzweiflung der Verlierer zieht Japan herunter]. Tōkyō: Chikuma Shobō.

YAMADA, Masahiro. 2009. *Shinbyōdō shakai – kibō kakusa wo koete* [Gesellschaft der neuen Gleichheit – Chancenungleichheit überwinden]. Tōkyō: Bungeishunjū.

Furusato-zukuri und der Mythos der revitalisierten Peripherie: Beispiel eines Dorfes auf der Noto-Halbinsel

Timo Thelen

1. Einleitung

Gemeinsam mit einem Forschungsteam um den Geografie-Professor Kamiya Hiroo[1] der Universität Kanazawa führte ich im Rahmen meiner Masterarbeit von Dezember 2011 bis März 2012 eine Studie im Dorf Natauchi auf der Noto-Halbinsel in der Präfektur Ishikawa durch, bei der u. a. die Siedlungsvorsteher (*shūraku-chō*) des Dorfes interviewt wurden. Einer von ihnen wollte den vereinbarten Interviewtermin kurzfristig nicht mehr wahrnehmen und sendete uns deshalb ein Fax zu, in dem er den Zustand seiner Siedlung schilderte. Ein Ausschnitt daraus:

> Die Erhaltung der Siedlung ist kompliziert geworden. Der Stadtrat und die Vertreter verschiedener Vereinigungen helfen uns nicht. Die Anzahl der Teilnehmer bei Veranstaltungen wie dem *matsuri*[2] wird Jahr für Jahr geringer und dadurch die Fortführung unmöglich. Das ist der Zustand des Verfalls in meiner Siedlung. [...] Die Menschen werden Jahr für Jahr weniger. Die alten Menschen, die noch hier sind, werden immer älter. Die jungen Menschen ziehen fort und hinterlassen eine traurige Stille. Wer jeden Tag nur diesen Zustand sieht, resigniert. Mit wenigen Menschen ist es egal, was man macht, man kann nichts daran ändern. (e. Ü.)

Nur wenige sprechen so deutlich den kritischen Zustand vieler ländlicher Regionen in Japan aus, der durch den Bevölkerungsrückgang im Zuge der Landflucht und durch die Überalterung der Einwohner bedingt ist. Diese Probleme haben in vielen Gebieten Japans zu einem Niedergang der oftmals landwirtschaftlich geprägten

---

[1] Der japanischen Norm gemäß wird bei japanischen Namen erst der Nachname und dann der Vorname genannt.

[2] Volksfest mit religiösem Hintergrund aus dem Shintō.

Dorfgemeinschaften geführt, der kaum mehr aufzuhalten ist. Allerdings findet im öffentlichen Diskurs um das Thema *furusato* („Heimat") bis heute eine Romantisierung des Lebens auf dem Land statt, die den realen Zustand der ländlichen Regionen ignoriert. Eine Landschaft mit Reisfeldern und Bauernhäusern gilt besonders für Stadtbewohner in der Gegenwart immer noch als „echte" japanische Heimat. In dieser Ideologie, die das Lokale und scheinbar Traditionelle zur nationalen Kultur und Vergangenheit stilisiert, wird oftmals eine Chance gesehen, ländlichen Regionen zur Wiederbelebung zu verhelfen. Das sogenannte *furusato-zukuri* („Heimat-Erschaffung") wird bis heute als Möglichkeit wahrgenommen, im Verfall begriffenen ländlichen Gebieten zu neuen Einnahmequellen und neuer Vitalität zu verhelfen. Positive Beispiele von Dörfern, die zu florierenden Urlaubszielen geworden sind, werden gerne in den Medien und der Forschung ausführlich beschrieben und damit die Vorstellung erzeugt, jedes Dorf habe eine realistische Chance, durch genug Anstrengung zum früheren Wohlstand zurückzufinden. Die zahlreichen Fälle, in denen *furusato-zukuri* scheitert und keine langfristige Verbesserung hervorbringt, werden häufig verschwiegen, wodurch die großen Hoffnungen in derartige Maßnahmen bis heute überdauert haben. Viele Dörfer in Japan besitzen einen Heimatrat (*furusato-zukuri-kai* o. ä.), der versucht, durch *furusato-zukuri*-Maßnahmen eine Verbesserung der prekären Situation zu erreichen. Inwieweit die in einem Heimatrat in Eigeninitiative erdachten Ideen tatsächlich Erfolg versprechend sind, wird viel zu selten kritisch reflektiert.

Im ersten Teil dieses Beitrags[3] wird der Diskurs um *furusato-zukuri* in Japan seit den 1970er Jahren zusammengefasst und erklärt, wie es zu der Idealisierung des Ländlichen gekommen ist. Die Rolle von Graswurzelinitiaven und der Politik wird dabei im Fokus der Betrachtung stehen. Anschließend wird am Beispiel von Natauchi veranschaulicht, wie lokales *furusato-zukuri* organisiert ist und welche Projekte hervorgebracht werden. Neben den Bereichen Landwirtschaft, Tourismus und Wohlfahrt wird verstärkt auf eine Kooperation mit der Universität Kanazawa

---

[3] Dieser Text erschien bereits in gekürzter und leicht abgeänderter Form auf Englisch (Thelen 2015).

eingegangen. Diese organisiert zusammen mit dem Heimatrat ein sogenanntes „*matsuri*-Hilfsprojekt", das zum Erhalt der *matsuri* beiträgt und gleichzeitig einen Austausch zwischen Einheimischen und Studenten intiieren soll. Um das Projekt und die beteiligten Akteure zu untersuchen, wurden die Forschungsmethoden teilnehmende Beobachtung, Experten-Interviews und Umfrage genutzt. In einem Ausblick wird der erneute Besuch des Dorfes und der *matsuri* im Jahr 2015, also vier Jahre nach der ersten Feldforschung, beschrieben.

2. Der *furusato-zukuri*-Diskurs

Der Begriff *furusato* bedeutet wörtlich übersetzt „altes Dorf", im Deutschen bietet sich aber der Begriff „Heimat" als inhaltiche Entsprechung an, der ebenso wie *furusato* eine persönliche wie auch eine allgemeine, nationale Sphäre von Herkunft meinen kann. Die typische *furusato*-Landschaft wird meist als ein Panorama mit bewaldeten Bergen, einem Fluss, Reisfeldern und einem Dorf mit alten Strohdachhäusern dargestellt, wo die Menschen einfach und bescheiden (*soboku*) leben können (Robertson 1991: 13). Den Gegensatz zu *furusato* bildet die Großstadt. Bei dieser Gegenüberstellung wird eine bewertende Antithese aufgebaut, die stark durch die westliche Soziologie, z. B. Riesmann (Toriyama 2008: 2), sowie durch die Schriften von Yanagita Kunio (Yoneyama 1996: 3) beeinflusst ist. *Furusato* wird so zur Projektionsfläche von Gemeinschaft, Tradition, mütterlicher Liebe und anderer Werte, die in der Großstadt nicht mehr vorhanden sein sollen (Robertson 1988: 503). Es wird eine angeblich bessere, aber verlorene Vergangenheit konstruiert, die gleichzeitig einen erstrebenswerten japanischen Lebensstil repräsentiert (Creighton 1997: 242). Diese überaus positive Interpretation des Ländlichen ist laut Meinung einiger Forscher ähnlich dem *nihonron*[4] und verfolgt die Verbreitung einer essentialistischen nationalen Identität (Ivy 1995: 26; Ertl 2008: 95 f.).

In den 1970er Jahren kam es durch die starke Romantisierung der agrarwirtschaftlich geprägten ländlichen Gebiete zu einem sogenannten *furusato*- oder Re-

---

[4]   „Japandiskurs": Selbstbehauptungsdiskurs, der die Besonderheit der Japaner gegenüber anderen Völkern erklären will. Eine gute Einführung bieten Heise (1990) und Dale (1989).

tro-Boom (Creigthon 1997: 241). Als Hintergrund sind die große Landfluchtwelle im Zuge des Wirtschaftswachstums und das damit verbundene kollektive Heimweh zu sehen, sowie dessen mediale und kulturelle Umsetzung. Die verloren geglaubte Heimat wurde zu einem beliebten Gegenstand im Film und volkstümlichen Schlager (*enka*) (Robertson 1988: 497 ff.). Obwohl zu dieser Zeit bereits viele Menschen seit mehreren Generationen in den Großstädten lebten und keine Erinnerungen an eine Vergangenheit auf dem Land besaßen, wurden auch sie von der allgemeinen Welle der Heimatsuche mitgerissen. Es entstanden Reisekampagnen wie „Discover Japan" (1970er Jahre) oder „Exotic Japan" (1980er Jahre), die diese Tendenzen der vermeintlichen Selbstentfremdung aufgriffen und überaus populär waren. Mit ihnen wurde der Binnentourismus als Möglichkeit dargestellt, eine temporäre Heimaterfahrung zu machen und eine Koexistenz mit dem Lebensstil in der Großstadt zu schaffen (Narita 2000: 25; Ivy 1995: 35).

Das große Interesse an Kurzreisen in ländliche Regionen führte ab den späten 1970er Jahren dazu, dass vom Bevölkerungsrückgang betroffene Dörfer begannen, sich durch selbst organisiertes *furusato-zukuri* („Heimat-Erschaffung") touristisch zu vermarkten. Neben der typischen *furusato*-Landschaft bietet ein solches *furusato-mura* („Heimatdorf") oft auch Aktivitäten an, wie z. B. Hilfe bei der Reisernte und Teilnahme am *matsuri*. Die Stadtbewohner sollen als Langzeittouristen gewonnen werden, die regelmäßig Geld ins Dorf bringen, ohne dort dauerhaft zu wohnen. Sie bezahlen beispielsweise einen jährlichen Mitgliedsbeitrag und erhalten dafür eine lokale Zeitschrift sowie Produkte aus dem Dorf. Nicht selten sind die Dorfbewohner solcher *furusato-mura* in Wahrheit nicht von der Landwirtschaft abhängig und inszenieren sie lediglich für den Tourismus (Robertson 1988: 508 ff.). Die Führungskräfte solcher Graswurzelinitiativen zum *furusato-zukuri* sind häufig Wiederkehrer (*U-turners*[5]) , weil sie durch ihre Erfahrungen in einer anderen Umgebung neue Perspektiven für ihre Herkunftsregion aufzeigen können (Knight 1994: 642 ff.).

---

[5] Menschen, die zum Studium an einen anderen Ort – meist eine größere Stadt – ziehen und nach dem Abschluss oder nach einer darauffolgenden kurzen Arbeitsphase wieder in ihre Herkunftsregion zurückkehren, um dort sesshaft zu werden.

In den späten 1980er Jahren wurde *furusato-zukuri* besonders beliebt. Verantwortlich dafür war vor allem der damalige Premierminister Takeshita Noboru (Amtszeit: 06.11.1987 bis 03.06.1989). Er setzte *furusato sōsei* (annähernd bedeutungsgleich mit *furusato-zukuri*)[6] auf die politische Agenda (Yasui 2000: 101). Bereits der frühere Premierminister Tanaka Kakuei (Amtszeit: 07.07.1972 bis 09.12.1974) spekulierte in seinem Buch „Nihon Rettō Kaizō Ron" („Diskurs über eine Neugestaltung der Japanischen Inselkette") aus dem Jahr 1973 über das Potenzial des *furusato*-Konzepts für die Entwicklung Japans. Takeshita griff dessen Gedankengänge in seinem Buch „Nihon. Subarashii kuni. Watakushi no ‚furusato sōsei ron'" („Japan. Das wunderbare Land. Mein ‚Heimat-Erschaffungs-Diskurs'", 1987) wieder auf und führte sie weiter aus (Robertson 1988: 505). *Furusato-zukuri* als Maßnahme zur Wiederbelebung der ländlichen Regionen und zur Verbesserung der Gesellschaft beschreibt er wie folgt:

> Selbstverständlich heißt „Heimat-Erschaffung" nicht nur Entwicklung auf dem Land und regionale Förderung. In meinem Denken bedeutet „Heimat", ein solides Fundament für Alltag und Handeln, auf dem Japaner als Japaner leben können, und auf das sie stolz sein können. (Takeshita 1987: 25 f.; e. Ü.)

Takeshitas Vision von *furusato-zukuri* als Lösung vieler gegenwärtiger Probleme, wie der Abhängigkeit vom Ausland, wurde bereits zwei Jahre später in Form des *furusato sōsei ichi oku en jigyō* („Heimat-Erschaffung-100-Millionen-Yen-Programm") in die Realität umgesetzt. Gemäß dem Leitsatz „selbst erdachte, selbst umgesetzte regionale Kreation" wurden 1989 an 3.286 Orte jeweils 100 Millionen Yen verteilt, um sie für Projekte zu verwenden, die den Ort interessanter machen sollten (Yasui 2000: 95). Dabei konnten die einzelnen Orte vollkommen unabhängig über ihre Projekte entscheiden, die entweder vom Tourismusbeauftragen der

---

[6] Sōsei (創生) ist ein Kompositum aus dem Schriftzeichen von *tsukuru*, das auch in *furusato-zukuri* enthalten ist, und dem Schriftzeichen *sei*, das Leben bedeutet. *Sōsei* wird zumeist in politischen Kontexten verwendet; eine mögliche Übersetzung für *furusato-sōsei* wäre „Heimat-Genese".

regionalen Verwaltung entworfen wurden oder auf Vorschlägen von Bürgern be-
ruhten (Yasui 2000: 101). Angesichts des Platzens der Bubble wurde diese gewaltige
furusato-zukuri-Maßnahme bereits 1990 gestoppt. Bis dahin hatten 98,9 % aller japanischen Orte Projekte geplant, von denen viele noch beendet werden konnten
(Toyama 1993: 2). Zwei Beispiele aus der nahen Umgebung von Natauchi sollen
für die zahllosen, wenig sinnvollen Projekte genannt werden: Die Stadt Kahoku
baute das *shichifukujin sentā* („Sieben-Glücksgötter-Zentrum"), das aus drei Gebäu-
den – in Form eines Drachen, einer Sphinx und einer Pyramide – bestand, welche
u. a. als Restaurant und Edelsteinmuseum genutzt wurden. Weil das Zentrum trotz
wechselnder Besitzer und Konzepte immer mehr Schulden anhäufte, wurde es 2010
geschlossen (Chūnichi shinbun 2010). In der Stadt Hakui veranstaltete man im Februar 1990 ein dreitägiges internationales Weltraum- und UFO-Symposium (*uchū
to UFO no kokusai shimpojiumu*) mit insgesamt 40.000 Teilnehmern aus Japan, den
USA, der UDSSR und Taiwan. Aufgrund des kontroversen Themas wurde das Symposium weitesgehend geheim gehalten und kaum Informationen für die Presse frei-
gegeben (Toyama 1993: 58 ff.). Bis heute pflegt Hakui das Image der „Alien-Stadt"
(Hakui 2015).

   In den frühen 1990er Jahren endeten die großzügigen staatlichen Förderungen
für *furusato-zukuri*, was aber keineswegs das Ende des allgemeinen Interesses am
Thema *furusato* bedeutete. In der wissenschaftlichen Literatur wird immer noch
eine Überflutung mit marginaler Kultur im Zeichen des *furusato*-Booms beschrieben (Ivy 1995: 33). Als Gründe für die anhaltende Omnipräsenz von *furusato* sind
auch die vielen Dokumentationen über lokale Besonderheiten im Fernsehen und
in Zeitschriften zu nennen (Robertson 1997: 107). Einige Forscher sprechen in der
Gegenwart von einem frei wählbaren und konsumierbaren *furusato* (Creigthon
1997: 244), zu dem auch Medien wie die Anime-Filme von Miyazaki Hayao gezählt
werden (Yasui 2000: 127 ff.). Gleichzeitig werden in der Reflexion über das Thema
kritische Stimmen deutlicher. So werden bei neueren Arbeiten zu *furusato-zukuri*
oft der geringe wirtschaftliche Erfolg und die fehlende Nachhaltigkeit problematisiert. Die prekäre Situation der peripheren Gebiete wird jedoch von den *furusato*-
Touristen in der Regel nicht wahrgenommen bzw. vor ihnen versteckt (Thompson

2004: 588). Die immer noch anhaltende Romantisierung des Landlebens in Japan wird von manchen Forschern sogar als die „größte Ironie des 21. Jahrhunderts" bezeichnet (Kelly 2006: 69). Besonders westliche Wissenschaftler diskutieren über die Authentizität von touristischen Angeboten, wie beispielsweise als *furusato*-Erlebnis vermarkteten Handwerkkursen (Creighton 1995) oder die auf die Erwartungen der Besucher angepassten Repräsentationen lokaler Traditionen (Martinez 1990). Derartige kritische Perspektiven findet man bei japanischen Forschern tendenziell selten, auch wenn manchmal die Misserfolge von *furusato-zukuri*-Aktivitäten zumindest angedeutet werden (z. B. Yasui 2000: 96 ff.). Neben dem Begriff *furusato* beschreiben auch neue Modewörter wie *satoyama* („Dorf und Wald") sehr ähnliche Strömungen einer tendenziell konservativ-nationalistischen Top-down-Revitalisierungsstrategie für ländliche Regionen. In den letzten Jahren etablierte sich im eher kritischen Diskurs auch der Begriff *genkai shūraku* („Siedlungen am Rande der Existenz"), der sinnbildlich für stark überalterte und disfunktionale Dorfgemeinschaften steht (vgl. Matanle, Rausch 2011: 25 f.).

3. *Furusato-zukuri* in Natauchi

Auf den bisher erläuterten Grundlagen aufbauend werden im Folgenden die Aktivitäten und Möglichkeiten von *furusato-zukuri* am Beispiel des Dorfes Natauchi[7] beschrieben. Dieses befindet sich auf der Noto-Halbinsel im nördlichen Teil der Präfektur Ishikawa, etwa 80 km von der Präfektur-Hauptstadt Kanazawa entfernt. Es setzt sich aus zehn Siedlungen (*shūraku*) zusammen, von denen neun bereits seit der Meiji-Zeit das Dorf bildeten. Die letzte kam 1970 hinzu. Die ältesten vorliegenden Daten zur Einwohnerzahl stammen aus dem Jahr 1880, zu dieser Zeit lebten in Natauchi 2.515 Menschen. Bis zum Zweiten Weltkrieg schrumpfte die Bevölkerung langsam, in der darauffolgenden Phase der Stadtflucht erholte sich der Zustand des Dorfes kurzzeitig. Bis in die Gegenwart setzte sich im Zuge des Wirtschaftswachs-

---

[7] Die meisten Informationen aus diesem und dem folgenden Kapitel stammen aus informellen lokalen Publikationen ohne offizielle Veröffentlichungsdaten oder aus Gesprächen mit den Siedlungsvorstehern von Natauchi, deshalb wurde auf Quellenangaben verzichtet.

tums ein sukzessiver Bevölkerungsrückgang fort. Die im Rahmen der Feldforschung erhoben Daten zeigten, dass Anfang 2012 nur noch 963 Menschen in Natauchi lebten und dass 47 Häuser unbewohnt waren. Die Überalterungsrate (*kōreikaritsu*, Menschen über 65 Jahre) lag 2011 in Natauchi bei 37,2 %. Im Vergleich zu anderen Orten ist dies ein verhältnismäßig hoher Wert, so lag dieser für denselben Zeitpunkt in der übergeordneten Stadt Nanao bei 28,7 % und im Jahr 2010 für Japan insgesamt bei 23,1 % (Japanische Regierung 2011: 2). Nachweisbar ist, dass – wie für zahllose andere ländliche Regionen in Japan – der Bevölkerungsrückgang und die Überalterung die wesentlichen Schwierigkeiten von Natauchi darstellen. Es kommt erschwerend hinzu, dass die öffentlichen Verkehrsanbindungen sehr mäßig sind. Es gibt einen begrenzten Busverkehr und einen selten befahrenen Regionalbahnhof in einer Nachbarstadt. Insgesamt ist für die Fortbewegung vor Ort ein Auto unerlässlich und das Dorf damit schwer für Fremde zugänglich.

Für das *furusato-zukuri* in Natauchi existiert ein Heimatrat (*Natauchi furusato-zukuri kyōgikai*, „Rat für Heimat-Erschaffung in Natauchi"), der 1981 als Graswurzelinitiative gegründet wurde, um dem schnell voranschreitenden Bevölkerungsrückgang entgegenzuwirken. Während in der Anfangszeit noch das Ziel definiert wurde, insbesondere junge Frauen von der Attraktivität des Dorfes zu überzeugen und sie zum Zuzug zu animieren, wurde in den späten 1990er Jahren auch die Zusammenlegung von Städten und Gemeinden (*shichōson gappei*), durch die der Name „Natauchi" von vielen öffentlichen Einrichtungen verschwand, zu einem wichtigen Aufgabengebiet. Staatliche Förderung erhält der Heimatrat u. a. durch das Ministerium für Land-, Forst-, und Seewirtschaft im Rahmen des Programms *shūraku kinō saihen sokushin jigyō itaku* („Programm zur Förderung funktionsfähiger Siedlungen"). Der Heimatrat verfügt über ein Gemeindehaus und setzt sich aus verschiedenen Kleingruppen zusammen, die bestimmte Bevölkerungsteile oder Interessenverbände repräsentieren. Dies sind z. B. Gruppen der ansässigen Männer, Frauen, Senioren sowie Repräsentanten der regionalen Landwirtschaft und eine lokale Wohlfahrts-NPO, die erst 2010 gegründet wurde. Bereits seit 1958 gibt es die „Heimatfreunde in Tōkyō" (*zaikyō Natauchi sato tomokai*), die 265 fortgezogene Angehörige umfasst und vor allem finanzielle Unterstützung leistet. Eine weitere erwähnenswerte Gruppierung ist die „Wunderwasser-Verwaltungsgruppe" (*reisui kanri kumiai*), die seit 1993 eine lokale Quelle instandhält und dort Agrarprodukte zum Verkauf anbietet; ihr gehören 85 Personen an. Das wichtigste Ziel des Heimatrates ist es, die Kooperation und das Gemeinschaftsgefühl zwischen den einzelnen Siedlungen zu verstärken. Die Einteilung in Siedlungen durch räumliche sowie soziale Grenzen ist immer noch im Denken der Bewohner sehr präsent und soll angesichts der gemeinsamen Probleme, wie der dramatischen Überalterung, überwunden werden.

Ein großer Arbeitsbereich des Heimatrates ist die lokale Landwirtschaft. Zur Etablierung der dorfeigenen Reismarke „Natauchi Tanadamai" wurde ein Arbeitsplan bis 2016 aufgestellt. Dieser sieht u. a. Untersuchungen zu Verpackungsdesign und Verkaufswegen wie Versandhandel vor, außerdem Werbemaßnahmen und die Erprobung neuer Anbauformen. Allerdings ist die Bekanntheit der Reismarke „Natauchi Tanadamai" derzeit noch äußerst gering[8] und die lokale Konkurrenz immens, da die Präfekur Ishikawa auf nationaler Ebene für guten Reis berühmt ist (FPC 1997: 163). Für das Gemüse aus Natauchi wurde ein ähnlicher Arbeitsplan bis 2016 erstellt. *Nakajima-na*, der das wichtigste landwirtschaftliche Produkt neben dem Reis darstellt, soll dabei besonders gefördert werden. Dieses bitter schmeckende Blattgemüse wird meist eingelegt (*tsukemono*) verkauft. Die „Heimatfreunde in Tōkyō" und Projekte mit der Universität Kanazawa sollen genutzt werden, um *nakajima-na* außerhalb des Dorfes zu bewerben. Bis 2015 sollte der Umsatz von Gemüseprodukten aus Natauchi von 2,5 (Stand 2011) auf 4,5 Millionen Yen gesteigert werden.

Ein Blick auf die lokale Landwirtschaft wirft allerdings Zweifel auf, ob diese Planungen realistisch waren. Die landwirtschaftliche Nutzfläche beträgt laut Informationen des Heimatrates insgesamt etwa 200 ha, wovon bis 2009 75,9 ha aufgegeben wurden. Es gab zur Zeit der Feldforschung nur einen hauptberuflichen Landwirt in Natauchi (etwa 60 Jahre alt), der eine Bio-Farm mit Schwerpunkt auf Gemüse

---

[8] Bei der Recherche konnte nur eine einzige Internetseite gefunden werden, die die Reismarke erwähnt. Es handelt sich dabei um einen Blogeintrag zu einem lokalen Symposium (Noto ikimono maisutā jigyō 2010).

führt. Drei Frauen, die alle über 80 Jahre alt sind, helfen ihm bei der Weiterver-
arbeitung für den Verkauf. Ferner gibt es im Dorf zwei Landwirtschaftsgruppen
mit 13 bzw. fünf männlichen Mitgliedern, die sich im Ruhestand oder als Neben-
tätigkeit mit dem Anbau von Reis und Gemüse beschäftigen. Die Ehefrauen der
Mitglieder sind für die Verarbeitung und den Vertrieb der Produkte zuständig. Den
wichtigsten Kundenstamm bilden fortgezogene Angehörige. Die Landwirtschaft als
Wirtschaftszweig spielt demnach nur eine sehr geringe Rolle für das gesamte Dorf,
wegen des hohen Alters der meisten involvierten Personen ist eine Weiterführung
in der Zukunft unsicher. Dessen ungeachtet stellt der Heimatrat entgegen der realen
Situation Natauchi gerne als landwirtschaftliches Dorf dar und setzt große Hoffnung in einen wirtschaftlichen Erfolg durch den Vertrieb von Reis und Gemüse.

Ein anderer Arbeitsbereich des Heimatrats ist der Tourismus. Hierbei versucht
man, ein Angebot an aktivem Tourismus zu etablieren, wozu die Teilnahme an
landwirtschaftlicher Arbeit oder dem *matsuri* zählt, wie sie im später beschriebenen *matsuri*-Unterstützungsprojekt angeboten wird. Bis 2015 plant der Heimatrat
ein Angebot von Entdeckungsreisen mit landwirtschaftlichem Schwerpunkt (*sanchi
taiken monitā tsuā jigyō*), bei denen Stadtbewohner Informationen zu Anbau, Ernte
und Verarbeitung erhalten sollen. Je nach Saison sollen diese unterschiedlich ge-
staltet und mit einer Teilnahme an kulturellen Veranstaltungen verbunden werden.
Diese Kurzreisen sollen in Kooperation und Vermittlung mit den „Heimatfreunden
in Tōkyō" sowie mit der Universität Kanazawa angeboten werden. Diese Aktivitäten
zielen nicht darauf ab, mit dem Aufenthalt von Reisenden Gewinn zu erwirtschaf-
ten – dafür besitzt Natauchi auch nicht die benötigten Übernachtungsmöglichkei-
ten und Verkehrsanbindungen. Sie sollen lediglich den Austausch mit Menschen
aus der Stadt fördern und so lokale Produkte bewerben. Aber auch hier stellt sich
die berechtigte Frage, ob dies angesichts der großen Konkurrenz mit besserer Infrastruktur möglich ist.

Ein besonderer Gegenstand des *furusato-zukuri* in Natauchi ist eine sogenannte
„Wunderwasser"-Quelle (*reisui*). Nach der Heilung eines Mannes von einer neu-
rologischen Erkrankung im Jahre 1979 wurde die Quelle von den Dorfbewohnern
und den Medien als „Wunderwasser" dargestellt. Die schlechte Lage der Quelle

verhinderte allerdings einen großen Besucherandrang, bis Anfang der 1990er Jahre der Heimatrat ein Symposium veranstaltete und gleichzeitig mit dem Ausbau begann. Für 200 Millionen Yen (inklusive staatlicher Fördergelder) wurde der „Wunderwasser"-Park (*reisui kōen*) mit einem Parkplatz für 16 Fahrzeuge und einem Gebäude fertiggestellt. 1999 wurde ein zweites Gebäude für weitere 50 Millionen Yen im „Wunderwasser"-Park gebaut, das lokale landwirtschaftliche Erzeugnisse verkauft. Auch die am Weg zur Quelle gelegenen Reisfelder wurden restauriert. Die Quelle selbst ist kostenlos zugänglich, für das Parken vor Ort werden geringe Gebühren verlangt. Jährlich sollen konstant zwischen 40.000 und 50.000 Besucher kommen (Gao 2000: 101 ff.; Chiiku kasseika sentā 2011: 00:04:07). Die Erlöse werden fast ausschließlich für die Instandhaltung und die Personalkosten verwendet. Bei der Studie von Gao zu der „Wunderwasser"-Quelle aus dem Jahr 2000 stellten einige Dorfbewohner infrage, ob sich mit der Errichtung des Parks überhaupt etwas verändert habe und fanden, dass aufgrund der abgelegenen Lage von Natauchi derartige Maßnahmen keinen Erfolg haben könnten (Gao 2000: 105). In den Unterlagen des Heimatrats aus dem Jahr 2011 wird das „Wunderwasser" bei den zukünftigen Maßnahmen nicht mehr explizit erwähnt. Scheinbar wurde die frühere Überschätzung des Potenzials der „Wunderquelle" erkannt, so wurde beispielsweise die Anzahl der Parkplätze mittlerweile halbiert.

Das letzte wichtige Tätigkeitsfeld des Heimatrates ist die Wohlfahrt in Natauchi. Zu den konkreten Maßnahmen gehören Serviceleistungen durch die lokale „Wohlfahrts-NPO", wie eine Beförderung von Personen mit begrenzter Mobilität zum Krankenhaus oder zum Einkauf (*sōgei sābisu*) sowie eine regelmäßige Kontrolle über den Gesundheitszustand durch Telefonate und Hausbesuche (*anhi sābisu*). In einer viermonatigen Testphase im Jahr 2011 wurde der Beförderungsservice 120-mal und der Erkundigungsservice 320-mal genutzt, in Zukunft soll die Frequenz noch deutlich erhöht werden. Weitergehend ist geplant, eine Begleitung bei Krankenhausbesuchen oder Einkäufen anzubieten, ferner soll es aufgrund der schlechten Anbindung an den öffentlichen Nahverkehr ein Kleintransporter für die NPO zur Verfügung gestellt werden. Zudem ist geplant, die geschlossene Kinderkrippe in eine multifunktionale Einrichtung für alte Menschen (*shōkibo kōreisha takinōshisetsu*) umzubauen und neu zu eröffnen. Da die „Wohlfahrts-NPO" erst 2010 gegründet wurde und bis zum Zeitpunkt der Feldforschung erst etwa zwei Jahre lang aktiv gewesen ist, kann man ihre Arbeit als sinnvoll erachten, da keine Hoffnungen in eine zukünftige Revitalisierung des Dorfes gesetzt werden und stattdessen die gegenwärtige Überalterung zum Tätigkeitsbereich wird. Bedenkt man, dass die Projekte der NPO – wie der Umbau der Kinderkrippe – noch einige Zeit in Anspruch nehmen, drängt sich die Frage auf, ob diese Zeit angesichts einer gegenwärtigen Überalterungsrate von fast 40 % noch vorhanden ist und ob diese Maßnahmen nicht viel zu spät begonnen wurden. Wie wäre es wohl gewesen, wenn man in den 1990er Jahren anstelle des „Wunderwasser"-Parks 250 Millionen Yen in Wohlfahrtsprojekte investiert hätte? Bei solchen Überlegungen wird deutlich, dass die oftmals als Vorteil empfundene Autonomie bei der Planung von *furusato-zukuri* nicht selten viel zu optimistische und kostspielige Maßnahmen hervorbringt, deren langfristiger Erfolg von Anfang an kritisch hinterfragt werden sollte.

4. *Matsuri* in Natauchi

Nachdem für die bisher beschriebenen Aktivitäten des *furusato-zukuri* in Natauchi eine relativ ernüchternde Bilanz gezogen werden musste, wird im Folgenden das „*matsuri*-Hilfsprojekt" ausführlich betrachtet. Zunächst erfolgt zum besseren Verständnis eine kurze Kontextualisierung des *matsuri*. Die Noto-Halbinsel ist berühmt dafür, einige Bräuche und Traditionen zu besitzen, die als einzigartig in Japan gelten. Das bekannteste Beispiel ist wohl die Zeremonie *aenokoto*[9], die 2009 zum immateriellen Weltkulturerbe der UNESCO ernannt wurde. Aber auch die *matsuri* gelten als regionale Besonderheit, vor allem die *kiriko*- und *wakubata-matsuri* (Kamiya 2011: 14). *Kiriko* (abgeleitet von den *kirikotōrō* benannten Papierlaternen im Tempel) sind tragbare Holzkonstruktionen mit Außenwänden aus bunt bemaltem Papier, die durch Kerzen im Inneren erhellt werden. Eine Broschüre des *kiriko-*

---

[9] Bei *aenokoto* wird der Gott des Reisfeldes in das eigene Haus zum Essen eingeladen. Diese Zeremonie wird zweimal jährlich (Dezember und Februar) durchgeführt (UNESCO 2012).

Museums in Wajima (*Wajima kiriko kaikan*) aus dem Jahr 2011 zählt insgesamt 19 noch regelmäßig stattfindende *kiriko-matsuri* in Noto. In der Natauchi übergeordneten Kleinstadt Nakajima gibt es neben *kiriko-* auch vier *wakubata-matsuri*, die 1981 zu einem wichtigen nationalen Kulturschatz (*Kokushitei jūyō mukei minzoku bunkasai*) erklärt wurden. *Wakubata* („Rahmen-Fahne") sind vom Grundbau den *kiriko* ähnlich, jedoch besitzen sie anstatt einer Art Turmkonstruktion eine Stange, an der eine Fahne angebracht ist; sie erinnern dadurch an ein Segelschiff.

Natauchi verfügt sowohl über ein *kiriko-* als auch über ein *wakubata-matsuri*, das *kiriko-matsuri* wird allerdings von den Dorfbewohnern als wichtiger eingeschätzt.[10] Bei dem *kiriko-matsuri* sind neun der zehn Siedlungen beteiligt, beim *wakubata-matsuri* dieselben neun sowie sieben weitere aus der Umgebung.[11] Infolge der Überalterung und des Bevölkerungsrückgangs kam es zu einer kontinuierlichen Verkleinerung der beiden *matsuri*. In den späten 1970er Jahren wurden bei den zwei *matsuri* noch etwa 20 *kiriko* bzw. 15 *wakubata* verwendet, im Jahr 2011 waren es nur noch neun *kiriko* bzw. vier *wakubata*. Außerdem wurden die kleineren *kiriko* für Kinder wegen des fehlenden Nachwuchses bereits seit über zehn Jahren nicht mehr benutzt (Kamiya 2012: 102 ff.).

Die *matsuri* werden von den „Männergruppen" (*sōnen-dan*) der einzelnen Siedlungen organisiert und durchgeführt. Die Altersgrenzen der Gruppen variieren je nach Siedlung, allgemein kann aber von Männern zwischen 20 und 45 Jahren gesprochen werden. 2012 waren insgesamt 52 Personen in den „Männergruppen" aktiv. Zum Tragen eines *kiriko* aus Natauchi, die in der Regel etwa neun Meter hoch sind, werden mindestens 20 Männer benötigt, für ein *wakubata* werden sogar 30 Männer gebraucht. Hinzu kommen noch bis zu 20 Hilfskräfte für u. a. *mikoshi*

---

[10] Bei der Umfrage mit den Mitgliedern der „Männergruppen" zeigte sich, dass die Mehrheit von 24 Personen beide *matsuri* als gleich wichtig erachtet; der Rest tendierte eher zum *kiriko-matsuri* als dem wichtigeren der beiden. Die Vorsitzenden des Heimatrats sagten im Interview ebenfalls, dass wahrscheinlich für die meisten Dorfbewohner das *kiriko-matsuri* wichtiger sei.

[11] Diese sieben Siedlungen werden in dieser Arbeit nicht behandelt, da ihre Rolle beim *wakubata-matsuri* äußerst gering ist.

(tragbarer Schrein) und *wadaiko* (Trommel) pro Siedlung. Diese letzteren Aufgaben dürfen in vier Siedlungen auch von Frauen übernommen werden.[12] Dennoch ist die Anzahl der Männer viel zu gering, um die *matsuri* durchzuführen, weshalb nicht selten Senioren noch mithelfen. Ferner gibt es den Brauch *ē*, bei dem ein Austausch von Männern mit anderen Dörfern im Rahmen der *matsuri* stattfindet. Jedoch bietet auch *ē* angesichts der Überalterung in der gesamten Region in der Gegenwart keine ausreichende Hilfe mehr. Deswegen laden viele Bewohner Freunde, Verwandte oder Kollegen zur Unterstützung ein. Ein weiteres Problem ist die Finanzierung der *matsuri*, die aufgrund der sinkenden Anzahl von Mitgliedern in den „Männergruppen" schwieriger geworden ist. Das Budget für die Veranstaltung des *matsuri* mit gemeinsamem Festmahl sowie für die Instandhaltung der *kiriko* und *wakubata* wird geringer. Damit steigt entsprechend die Pro-Kopf-Spendensumme, die die einzelnen Mitglieder der „Männergruppen" und die anderen Siedlungsbewohner aufbringen müssen. Verschiedene weitere Maßnahmen wurden in der Vergangenheit unternommen, um den Mangel an Mitgliedern in den „Männergruppen" zu kompensieren. Für die Bewegung der *kiriko* wurden Fahrgestelle gebaut, mit denen sie über asphaltierte Wege geschoben werden können, und bei den *wakubata* wurden Räder anmontiert. 2003 wurde der Termin des *kiriko-matsuri* in die Zeit des *obon* (buddh. Totenfest Mitte August) gelegt, damit die Mitglieder der „Männergruppen" keinen Urlaub nehmen müssen (Kamiya 2012: 105 ff.). Aber auch diese Maßnahmen reichen nicht mehr aus, um eine Durchführung der *matsuri* zu gewährleisten.

Um die Bedeutung der *matsuri* für die Bewohner von Natauchi besser zu verstehen, wurde im Frühjahr 2012 eine Umfrage mit 30 Mitgliedern der „Männer-

---

[12] In den fünf der neun Siedlungen wird eine aktive Teilnahme von Frauen konsequent ausgeschlossen. Leider kann im Rahmen dieser Arbeit nicht die interessante Frage beantwortet werden, warum diese grundsätzliche Regel der *matsuri* je nach Siedlung unterschiedlich ist. Zumindest in einem Fall ist bekannt, dass Frauen erst seit wenigen Jahren aufgrund des Männermangels eine aktive Teilnahme z. B. beim Trommeln zugesprochen wurde. Man kann vermuten, dass auch in den anderen drei Siedlungen die Teilnahme von Frauen noch ein relativ neues Phänomen sein mag, das erst als Konsequenz des starken Bevölkerungsrückgangs entstanden ist. Die Kontroverse um die Teilnahme von Frauen beim *matsuri* hat Brumann für das *gion-matsuri* in Kyōto genauer untersucht (Brumann 2012: 194 ff.).

gruppen" durchgeführt.[13] Es zeigte sich dabei, dass zehn Personen das *matsuri* als eine „ziemliche Bürde" (*kanari futan*) empfinden, 13 Personen als „kleine Bürde" (*sukoshi futan*) und lediglich sechs Personen gaben an, „überhaupt keine Bürde" (*zenzen futan de wa nai*) zu empfinden. Die Hälfte der Befragten (15 Personen) ist ein- bis dreimal für die Hilfe beim *matsuri* früher von der Arbeit heimgekehrt, bei acht Personen war dies mindestens viermal vorgekommen; eine Person hat sogar 14-mal für das *matsuri* früher den Arbeitsplatz verlassen. Diese Ergebnisse zeigen, dass das *matsuri* für die meisten jüngeren Männer in Natauchi ein wichtiges Ereignis mit einer gewissen Belastung darstellt, für die sie sogar ihre Arbeit hinten anstellen. Da die Durchführung des *matsuri* aufgrund der Überalterung schwierig geworden ist, wurde gefragt, ob Hilfe von außerhalb gesucht werde. 19 Personen bitten Freunde um Hilfe beim *matsuri*, acht Personen fragen Verwandte, acht Personen wenden sich an Arbeitskollegen und nur 3 Personen suchen keine Unterstützung von außerhalb. Diese Suche nach einer Unterstützung von außen kann als Indiz für den starken Willen zur Fortführung des *matsuri* gedeutet werden. Viele Mitglieder erhalten damit einhergehend beim *matsuri* Besuch (26 Personen), die meisten von Verwandten (22 Personen) und/oder von Freunden (15 Personen), was die Bedeutung des *matsuri* als Zeitpunkt der familiären oder gemeinschaftlichen Zusammenkunft demonstriert. Zu dieser Interpretation passt auch, dass von den 47 leerstehenden Häusern im Dorf 19 bei dem *matsuri* von Heimkehrern kurzzeitig wieder bewohnt werden.

Auf die Frage, welche Konsequenzen ein Ende des *matsuri* hätte, bei der elf Antwortmöglichkeiten vorgegeben waren, antworteten 18 Personen, dass ohne das *matsuri* die zwischenmenschlichen Beziehungen in der Siedlung schwächer würden. Dies unterstützt die häufig in der Forschung formulierte Hypothese, dass ein *matsuri* eine wichtige identitätsstiftende Funktion für eine Dorfgemeinschaft erfüllt (z. B. Robertson 1991; Morris-Suzuki 1995: 768 mit Verweis auf Yanagita Kunio). Die weiteren oft genannten Veränderungen bezogen sich ebenfalls auf die sozia-

---

[13] Multiple-Choice-Fragen, teilweise war Mehrfachantwort möglich. Mit *matsuri* ist das *kiriko-matsuri* gemeint.

len Beziehungen. So fanden neun Personen, dass im Falle eines Verschwindens des *matsuri* die alten Menschen einsam würden und acht Personen meinten, dass dies schade für die Kinder sei. Sieben Personen dachten, dass ohne das *matsuri* weniger Weggezogene bei *obon* nach Natauchi zurückkehren würden. Nur eine einzige Person glaubt, dass sich mit dem Wegfall des *matsuri* nichts verändern würde, was die bereits genannte Hypothese ebenfalls unterstützt. Dass der Ort ohne das *matsuri* seine Anziehungskraft im Bereich des Tourismus verlieren würde, fanden lediglich fünf Personen, was aber auch darauf zurückgeführt werden kann, dass es in der Umgebung wesentlich berühmtere und opulentere *matsuri* gibt.

Die Siedlungsvorsteher betonten bei den Interviews ebenfalls die Wichtigkeit des *matsuri* und den festen Willen, es zu erhalten, da es eine Tradition darstelle und einmal aufgegeben für immer verloren sei. Dennoch gehen sie davon aus, dass das *matsuri* voraussichtlich in den nächsten fünf bis zehn Jahren verschwinden würde oder dass sich zumindest der Umfang massiv verkleinern müsse. Diese Einschätzung erscheint angesichts der starken Überalterungstendenz in Natauchi realistisch. Dessen ungeachtet zeigte sich besonders bei der Umfrage mit den Mitgliedern der „Männergruppen" die essentielle Bedeutung und gemeinschaftsstiftende Funktion des *matsuri* für die Dorfbewohner, weswegen bereits in der Vergangenheit unzählige Maßnahmen für eine sichere Fortführung unternommen wurden.

5. Das „*matsuri*-Unterstützungsprojekt"

Die neueste und zugleich wohl einschneidendste Aktion dieser Art ist das „*matsuri*-Unterstützungprojekt" (*matsuri shien purojekuto*), welches eine Initiative des Zentrums für Regionale Zusammenarbeit der Universität Kanazawa (*Kanazawa daigaku chiiku renkei suishin sentā*) in Zusammenarbeit mit dem Heimatrat von Natauchi darstellt. Bei dem Projekt fahren freiwillige Studenten für zwei Tage nach Natauchi und helfen bei der Durchführung des *kiriko*- bzw. *wakubata-matsuri* mit. Im untersuchten Jahr 2011 nahmen 12 bzw. 14 Studenten teil. Neben Natauchi beteiligen sich auch vier weitere Dörfer aus Noto an diesem Projekt, das ursprünglich aus informellen Kooperationen zwischen Hochschuldozenten und lokalen Aktivisten entstanden ist und 2010 zu einem institutionalisierten Angebot wurde. 2011 erfolgte eine Förderung durch die Toyota-Stiftung, mit der hauptsächlich Personalkosten, die mediale Dokumentation und teilweise die Transportkosten gedeckt wurden (Kamiya 2011: 15).

Wie bereits erwähnt wurde, erfolgte im Zuge des *furusato*-Booms eine neue positive und romantisierende Sicht auf die ländlichen Regionen in Japan, wodurch u. a. *matsuri* als Anlass für Tourismus populär wurden (Robertson 1988; Knight 1994). Dabei handelt es sich aber in der Regel um den bloßen Konsum eines Events, ohne eine Möglichkeit zur Kommunikation zwischen Touristen und Einheimischen. An dieser Stelle soll das *matsuri*-Unterstützungsprojekt ansetzen und bei dem *matsuri* einen Austausch zwischen Einheimischen und Fremden entstehen lassen, was normalerweise bei dieser Art des Tourismus unüblich ist. Kamiya Hiroo, als Schirmherr des Projekts seitens der Universität Kanazawa, beschreibt es wie folgt: „Das ‚*matsuri*-Unterstützungsprojekt' ist ein Versuch, das Personal und das intellektuelle Vermögen der Universität Kanazawa positiv für das lokale Kulturerbe zu nutzen." (Kamiya 2011: 15; e. Ü.). Das *matsuri* dient hierbei als Chance zu einer Begegnung, durch die nicht nur Studenten aus Kanazawa, sondern auch Forscher und Experten aus ganz Japan einen Zugang zu den recht abgeschottet lebenden Dorfgemeinschaften erhalten sollen. Damit sollen Netzwerke entstehen, von denen alle Beteiligten profitieren können, sowie weitere Austauschaktivitäten zwischen den ländlichen Gebieten von Noto und jungen Menschen geschaffen werden (ebd.: 14; e. Ü.).

Um zu hinterfragen, ob der formulierte Prozess des Austausches stattfindet, wird im Folgenden der Ablauf des Projekts für das *kiriko*- und das *wakubata-matsuri* im Jahr 2011 beschrieben und wie diese im Rahmen zweier teilnehmender Beobachtungen miterlebt wurden. Beim *kiriko-matsuri* nahmen neun japanische Studenten (darunter eine Studentin), drei ausländische Studenten und drei japanische Universitätsmitarbeiter teil. Das Programm begann mit einer Einführungs- und Orientierungsrede durch drei Repräsentanten des Heimatrates. Jeder Teilnehmer bekam eine Art „Fanpaket", bestehend aus einem Handtuch mit *kiriko*-Aufdruck, einem Handy-Anhänger mit den Kanji von Natauchi, Aufklebern mit Natauchi- und „Wunderwasser"-Aufschrift, einer CD mit dem lokalen *matsuri*-Lied und einer

Broschüre über den Heimatrat. Nach einem gemeinsamen Mittagessen fand eine Dorfführung statt, bei der der Hauptschrein von Natauchi und ein typisches altes Landhaus mit Strohdach und Feuerstelle im Boden besucht wurden. Anschließend wurde kurz beim Aufbau eines *kiriko* mitgeholfen. Zum Abendessen gingen die Teilnehmer des Projekts zu ansässigen Familien, bei denen sie später auch übernachten sollten. Gegen Sonnenuntergang brachen die Projektteilnehmer zum Schrein der Siedlung auf, bei welcher sie mithelfen sollten. Die Studenten wurden der „Männergruppe" und den anderen Helfern vorgestellt und erhielten leihweise *happi* (*matsuri*-Kleidung) mit den Insignien der Siedlung. Anschließend begann der Umzug mit *wadaiko*, *mikoshi* und *kiriko* in Richtung des Hauptschreins. Die Studenten wurden dabei oft von den Dorfbewohnern angesprochen, und mit Getränken versorgt. Auch erhielten sie Hinweise zum Tragen der *kiriko*. Nachdem das *matsuri* beendet war, kehrten die Projektteilnehmer zurück zu den Familien, bei denen sie übernachteten. Am nächsten Morgen wurde die Heimreise angetreten.

Am *wakubata-matsuri* 2011 nahmen zehn japanische Studenten (davon sechs Frauen), vier ausländische Studenten (davon zwei Frauen) und zwei Universitätsmitarbeiter teil. Um 11 Uhr begann das Programm – wie beim *kiriko-matsuri* – mit einer Einführungs- und Orientierungsrede und es wurden wieder dieselben „Fanpakete" verteilt. Nach dem gemeinsamen Mittagessen waren eigentlich eine „Reisernte-Erfahrung" (*inekari taiken*) und der Besuch einer heißen Quelle (*onsen*) geplant gewesen, was aber aufgrund schlechten Wetters abgesagt wurde. Als Ersatz fand ein Besuch des *wakubata*-Museums in Nakajima statt, sowie eine Fahrt zu einem lokalen Aussichtspunkt und zum „Wunderwasser"-Park. Am späten Nachmittag halfen die Projektteilnehmer bei kleineren Vorbereitungen für das *matsuri* und aßen gemeinsam zu Abend, bevor die Männer im Senioren-Zentrum und die Frauen im Gemeindehaus übernachteten. Am folgenden Morgen um 6 Uhr begannen die weiteren Vorbereitungen für das *matsuri* unter Mithilfe der Studenten, darunter auch der Aufbau der *wakubata*. Die zwei männlichen Studenten halfen beim Tragen der *wakubata* und die insgesamt acht weiblichen trugen einen *tawari-*

mikoshi.[14] Die Helfer bekamen erneut *happi* der jeweiligen „Männergruppe" aus-
geliehen (auch die Frauen). Nach dem *matsuri* fand zum Abschluss ein gemein-
sames Essen im Gemeindehaus statt. Alle Projektteilnehmer erhielten später noch
als Dankeschön einen 2 kg-Sack Reis, den sie eigentlich selbst hätten ernten sollen.
Der Umgang der Einheimischen mit den Studenten während des Aufenthalts kann
insgesamt als sehr freundlich bezeichnet werden. Besonders die Übernachtung bei
ansässigen Familien beim *kiriko-matsuri* bot die Möglichkeit für längere Gespräche.
Auch in der übrigen Zeit waren die meisten Einheimischen bemüht, ihre Heimat als
offen und herzlich zu präsentieren. Das Dorf mit seinen Besonderheiten, der Heimatrat als lokale Institution und das *matsuri* wurden den Fremden recht ausführlich
erklärt, Probleme wie Überalterung und Bevölkerungsrückgang wurden dabei auch
thematisiert.

Natauchi verfügt über eine typische *furusato*-Landschaft mit Reisfeldern, bewaldeten Bergen, einem Fluss und einigen alten Häusern mit Strohdächern. Dasselbe
findet man allerdings auch in allen Nachbardörfern. Das Bild eines landwirtschaftlich geprägten Dorfs wurde durch die Führung und die geplante Reisernte-Erfahrung suggeriert. Erst bei der nachfolgenden Recherche zeigte sich die überraschend
geringe ökonomische Bedeutung der lokalen Landwirtschaft. Das Projekt hat wie
beschrieben die Zielsetzung, einen Austauschprozess zu initiieren. Ungeachtet der
guten Atmosphäre während des Aufenthalts im Dorf schien aber allen Beteiligten
klar zu sein, dass es sich um ein einmaliges Ereignis handelt. Neben den Universi-
tätsmitarbeitern kamen nur zwei Studenten bei beiden *matsuri* zur Hilfe, worüber
die Einheimischen zwar erfreut waren, aber vielmehr noch verwundert schienen. Sie
rechneten scheinbar überhaupt nicht damit, die Teilnehmer jemals wiederzusehen.

---

[14] Im Gegensatz zum gewöhnlichen *mikoshi*, der die Gottheit eines Schreins transportieren
soll, trägt der *tawari-mikoshi* („Reisstrohsack-*mikoshi*") im Bereich des Schreins geernte-
ten Reis, der der lokalen Gottheit geopfert werden soll. Hier kann ein Kompromiss zum
Verbot der aktiven Teilnahme durch Frauen, welches in den meisten Siedlungen herrscht,
erkannt werden.

Als Nächstes soll ein kurzer Blick auf die Resonanz des Projektes in der Öffentlichkeit geworfen werden. Die Lokalzeitung *Hokkoku Shinbun* veröffentlichte am 17.08.2011 einen kurzen Artikel mit Foto zum *kiriko-matsuri* mit der Überschrift: „Zwölf Studenten der Universität Kanazawa tragen beim *Osuzumi-matsuri* [= *kiriko-matsuri*] in Nanao mutig die *hōtō* [= *kiriko*]" (Hokkoku shinbun 17.08.2011). Im Text wird erwähnt, dass unter den zwölf Studenten auch zwei ausländische Studenten aus Deutschland dabei gewesen waren.[15] Zum *wakubata-matsuri* veröffentlichte die Hokkoku shinbun ebenfalls in der Ausgabe für Noto einen kurzen Artikel mit Foto – etwa die gleiche Länge wie beim *kiriko-matsuri* –, in dem die Hilfe der Studenten nur in einem Satz erwähnt wurde. Dabei wird fälschlicherweise von 27 Studenten[16] gesprochen: „In Natauchi haben [beim *wakubata-matsuri*] 27 Studenten der Universität Kanazawa in den ‚Männergruppen' teilgenommen, zusammen haben sie die *wakubata* und anderes getragen und so das *matsuri* gefeiert." (Hokkoku shinbun 24.09.2011; e. Ü.). Beide Artikel beschreiben recht ausführlich das jeweilige *matsuri* in seinem Ablauf; weshalb die Studenten mitgeholfen haben, wird hingegen nicht erklärt. Die schwierige Fortsetzung der *matsuri* oder die Probleme des Dorfes werden ebenso wenig erwähnt, die Berichterstattung beschränkt sich auf die positiven Seiten des scheinbar touristischen Events. Ein zum Vergleich herangezogener früherer Artikel einer lokalen Nachrichteninternetseite aus dem Jahr 2010 thematisiert hingegen auch das Projekt und dessen Hintergründe (MRO News 2010).

Um die Meinung der Dorfbewohner zu dem Projekt zu verstehen, konnten neun der zehn Siedlungsvorsteher von Natauchi im Frühjahr 2012 interviewt werden. Im Rahmen des Projekts haben Studenten in vier Siedlungen beim *matsuri* mitgeholfen. Die Siedlungsvorsteher dieser Dorfteile – einer von ihnen ist gleichzeitig Vorsitzender des Heimatrates – bewerteten das Projekt überwiegend positiv. Man wünsche sich, dass die Studenten Freude beim *matsuri* hätten, aber auch, dass sie die Bedeutung des *matsuri* verstehen. Sie sollten besser nicht nur beim *matsuri* mithelfen,

---

[15] Ein chinesischer Student, der auch teilgenommen hatte, wurde nicht erwähnt.

[16] Aufgrund der Absage eines anderen *matsuri* wegen Regens kamen die ursprünglich zur selben Zeit nach dort entsandten Projektteilnehmer nach Natauchi, jedoch lediglich als Zuschauer. Deshalb spricht der Artikel fälschlicherweise von 27 Teilnehmern.

sondern auch am Alltag in Natauchi teilnehmen. Zwei Siedlungsvorsteher betonten, wie wichtig es sei, dass die Studenten sich, genauso wie die Einheimischen, an die Regeln hielten. Auch den Ablauf des *matsuri* und den Aufbau der *kiriko* müssten sie verstehen. Es wurde auch der Vorschlag geäußert, für derartige regionale Aktivitäten Kreditpunkte im Studium zu vergeben. Ein Siedlungsvorsteher äußerte allerdings die Befürchtung, dass das *matsuri* durch die Hilfe von außen seine ursprüngliche Bedeutung verliere und zu einem bloßen Event verkäme. Die weiteren fünf Siedlungsvorsteher, die keine Hilfe von Studenten erhalten haben, vertraten eine deutlich kritischere Position. Auch wenn sie eine fremde Unterstützung nicht prinzipiell ablehnten, verlangten sie ein strenges Befolgen der lokalen Regeln, Vorsicht beim Tragen der *kiriko* bzw. *wakabata* und ein Verständnis des eigentlichen Sinnes der *matsuri*. Durch die Beteiligung von Außenstehenden könnte das *matsuri* seine Bedeutung verlieren, weil die von den Vorfahren weitergegebenen Regeln in Vergessenheit gerieten. Die Angst vor Unfällen oder einer Beschädigung der *matsuri*-Gegenstände wurde mehrfach als Argument dafür genannt, dass die Studenten den Rhythmus des *matsuri* kennen und behutsam die örtlichen Vorschriften befolgen müssten. Auch merkte einer der Siedlungsvorsteher kritisch an, dass man früher sagte, Reisende dürften beim *matsuri* grundsätzlich nicht teilnehmen, weil sie sich nicht an die lokalen Sitten hielten. Man kann zusammenfassen, dass das Projekt von vielen Dorfbewohnern durchaus kritisch gesehen wird. Einerseits beklagen viele den nur kurzen und oberflächlichen Kontakt mit den Teilnehmern und wünschen sich einen intensiveren und längeren Austausch. Andererseits scheinen einige die Hilfe vom Fremden beim *matsuri* abzulehnen oder zumindest vermeiden zu wollen.

Da das Projekt erst seit 2010 regelmäßig stattfindet, wird bei der Gesamtbeurteilung zunächst der positive Ansatz hervorgehoben, dass hier kein bloßes Event, sondern ein Prozess des Dialogs zwischen Dorfbewohnern und Studenten angestrebt wird. Es muss aber auch betont werden, dass dieser Austausch sich bisher auf die kurze Zeit des *matsuri* beschränkt. Die Studenten haben keine Motivation zur Wiederkehr. Die Dorfbewohner sind überaus verwundert, wenn tatsächlich jemand erneut zur Teilnahme erscheint. Das Szenario erinnert an die Studie von Robertson zum *shimin matsuri* („Bürgerfest") in Kodaira in den späten 1980er Jahren, bei der das *matsuri* eine neue Gemeinschaft zwischen Einheimischen und Neuhinzugezogenen zelebrieren sollte, die eigentlich in dieser Form nicht existierte und die durch das *matsuri* allein nicht dauerhaft erschaffen werden konnte (Robertson 1991). Eine weitere Gemeinsamkeit mit dieser Studie lässt sich in der von den Siedlungsvorstehern oftmals genannten Meinung wiederfinden, Personen von außerhalb würden die lokalen Regeln nicht kennen. Was genau diese Regeln sein sollen, wurde jedoch bei der Befragung kaum deutlich. Allein schon der Punkt, ob Frauen aktiv teilnehmen dürfen, variiert je nach Siedlung und gibt einen Anhaltspunkt dafür, dass diese Regeln eher ein konservatives Scheinargument gegen Außenstehende sind.[17]

Um die Einmaligkeit des Austauschs zu überwinden, sollen nach Planung der Initiatoren in Zukunft zusätzliche Treffen oder Kurzreisen stattfinden. Allerdings muss erneut die Frage gestellt werden, ob dafür die Zeit ausreicht. Natauchi ist bereits heute stark überaltert und die *matsuri*, die den Anlass des Austausches bieten, werden nach Meinung der Siedlungsvorsteher in absehbarer Zukunft nicht mehr stattfinden können. Die Hilfe der Studenten ist im Vergleich zum Arbeitspensum der „Männergruppen" äußerst gering und die Möglichkeiten, Studenten in dem kleinen Dorf unterzubringen, scheinen auch bei etwa 20 Personen an ihre Grenzen zu stoßen. Die Studenten können zwar dazu beitragen, dass ein *kiriko*, ein *wakubata* oder ein *mikoshi* mehr bei den *matsuri* gestellt werden – die *matsuri* vor dem Verschwinden retten vermögen sie allerdings nicht. Die *matsuri* werden nur solange stattfinden können, wie die lokalen „Männergruppen" einen festen Kern haben, der die *matsuri* seit ihrer Kindheit kennt, versteht und vor allem die Akzeptanz des gesamten Dorfes genießt. An den akuten Problemen in Natauchi, wie dem Bevölkerungsrückgang und der Überalterung, vermag das Projekt ohnehin nichts zu ändern. Vielleicht werden einige Studenten zumindest wiederkehren, eine Abschlussarbeit über das Dorf schreiben[18], bewusst die lokalen Produkte kaufen oder noch

---

[17] Allerdings nehmen die Studenten beim *matsuri*-Unterstützungsprojekt in Gegensatz zum Bürgerfest von Kodaira tatsächlich am *matsuri*-Ritual (*kamigoto*) teil; dies jedoch nicht unbedingt aufgrund der Gastfreundlichkeit der Einheimischen, sondern aus Mangel an lokalen Helfern.

[18] Durchschnittlich macht dies ein Student der Universität Kanazawa jährlich.

einmal die „Wunderwasser"-Quelle besuchen. Die große Mehrheit der Beteiligten wird jedoch sicher nicht zurückkommen und auch die dramatische Situation des Dorfs nicht weiter reflektieren. Die Erwähnung in der lokalen Presse, dass viele Studenten – unter ihnen sogar westliche Ausländer – zum *matsuri* kommen, mag den Stolz der Dorfbewohner fördern, eine effektive Werbung für das Dorf kann darin aber nicht gesehen werden. Man könnte pragmatische Gedankenexperimente anstellen: Würde es dem Dorf nicht mehr helfen, wenn die Studenten für karitative Arbeiten nach Natauchi kämen, anstatt bei den *matsuri* mitzuhelfen? Diese mögen vielleicht für die Identität und das Gemeinschaftsgefühl der Dorfbewohner wichtig sein und traditionelle japanische Kultur repräsentieren, bringen aber in ihrer Einmaligkeit keine wirkliche Besserung für das alltägliche Leben im Dorf mit sich.

6. Fazit

Wie dieser Aufsatz beispielhaft gezeigt hat, befinden sich viele ländliche Regionen Japans nach einer jahrzehntelangen Vernachlässigung durch die Politik in einem bedenklichen Stadium des Verfalls. Orte wie Natauchi sind überall in Japan zu finden. Die Versäumnisse der Regierung, aber auch die Handlungsunfähigkeit lokaler Initiativen, die in ihrer als Vorteil empfundenen Autonomie und in ihrer Überbewertung der lokalen Ressourcen meist keine erfolgreichen Konzepte hervorbringen können, werden in der Zukunft kaum mehr zu korrigieren sein. Obwohl gute Ansätze wie die Zusammenarbeit zwischen Dörfern und Universitäten zu erkennen sind, wurde in der Vergangenheit viel Zeit, in der sinnvolle Gegenmaßnahmen hätten veranlasst werden sollen, mit millionenschweren Investitionen in fragwürdige Projekte – wie dem Bau eines „Wunderwasser"-Parks – verschwendet. Diese dramatische Entwicklung der Peripherie überführt die fundamentale Paradoxie des *furusato*-Konzepts: Während die Stadtbewohner romantische Vorstellungen vom Landleben haben, leiden die Dorfbewohner unter erheblichen Problemen wie mangelnden Wirtschaftsmöglichkeiten, Überalterung und Bevölkerungsrückgang. Doch anstatt diese Schwierigkeiten öffentlich zu diskutieren, wird weiterhin eine Fassade für Touristen aufgebaut. Durch Geschichten von erfolgreichen *furusato*-

zukuri-Aktionen wird der Irrglaube verbreitet, jedes Dorf könne sich aus eigener Kraft zu einem beliebten *furusato-mura* transformieren.

Der in diesem Aufsatz als Beispiel herangezogene Ort Natauchi und sein Heimatrat setzen Hoffnung in die Etablierung einer eigenen Reismarke sowie in den Vertrieb von eingelegtem Gemüse, obwohl lediglich ein einziger Dorfbewohner hauptberuflicher Landwirt ist und sich die Mehrheit der Hobby-Landwirte im Ruhestand befindet. Zudem ist die Konkurrenz durch andere Orte mit ähnlichen Produkten sehr groß und Natauchi aufgrund der schlechten Verkehrsanbindungen für Fremde schwer zu erreichen. Eine „Wunderwasser"-Quelle, in deren Ausbau Anfang der 1990er Jahre über 250 Millionen Yen investiert wurden, kann nur ihre Instandhaltungskosten decken. Einzig die Aktivitäten im Bereich der Wohlfahrt, wie der Umbau der geschlossenen Kinderkrippe in ein Altersheim, können als positiv bewertet werden. Jedoch erscheinen diese Bemühungen angesichts der lange bekannten Überalterungsproblematik reichlich verspätet.

Das *matsuri*-Unterstützungsprojekt soll als eine neuartige *furusato-zukuri*-Kooperation zwischen dem Heimatrat von Natauchi und der Universität Kanazawa das Dorf wiederbeleben. Es soll ein möglichst langfristiger Austausch zwischen den Einheimischen und den Studenten initiiert werden, aus dem Netzwerke für weitere Aktivitäten entstehen sollen. Allerdings war diese Tendenz 2012 noch nicht zu beobachten. Beide Seiten begreifen das Projekt als eine einmalige Veranstaltung. Obwohl das Feedback der Studenten sehr positiv ausfällt und sogar viele weibliche sowie einige ausländische Studenten bei dem Projekt beteiligt sind, wird in der kurzen Begegnung keine wirkliche Verbindung zwischen den beiden Seiten aufgebaut und die Probleme des Dorfes werden nur an der Oberfläche deutlich. Den Organisatoren ist dieses Problem bewusst und sie wollen durch weitere Treffen und Veranstaltungen ein engeres Verhältnis zwischen den Beteiligten aufbauen. Allerdings muss hier abschließend festgehalten werden, dass, selbst wenn dieser langfristige Austausch zustande käme, sich der grundsätzliche Verfallsprozess in Natauchi wohl nicht mehr aufhalten lässt.

7. Ausblick: Natauchi im Jahr 2015

Im Sommer 2015 hatte ich die Chance, Natauchi erneut zu besuchen, mit vielen Bewohnern aus der ersten Interviewstudie noch einmal zu sprechen und an den zwei *matsuri* teilzunehmen. Das geplante Altersheim ist 2013 fertig geworden und bereits voll belegt, sodass über einen Erweiterungsbau nachgedacht wird. Im Bereich der Landwirtschaft wurden viele Reisfelder umstrukturiert, damit eine maschinelle Aussaat und Ernte möglich wurde. Einige wenige Felder werden weiterhin per Hand geerntet und das Reisstroh zum Trocknen ausgehangen; dieses wird später weiterverkauft und zu Strohsandalen, die bei *matsuri* getragen werden, weiterverarbeitet. Auch wenn sich derzeit noch weitere Felder im Umbau bzw. in der Restaurierung befinden (siehe Foto 1), die bei lange brachgelegenen Feldern einige Jahre in Anspruch nehmen kann, so ist die Umstellung auf einen möglichst hohen Grad an Technisierung eine wichtige Maßnahme, um trotz Überalterung effizient zu produzieren. Eine der zwei lokalen Landwirtschaftsgruppen konnte sogar einen jungen *U-turner* (Anfang 30) als hauptberufliche Arbeitskraft einstellen. Eine ehemalige Hochschuldozentin der Universität Kanazawa mit dem Fachgebiet Geografie lebt seit einem halben Jahr als Aussteigerin in dem Dorf und bringt neben ihrem Knowhow auch ihre guten Verbindungen zu anderen Forschern mit, wovon die lokale Gemeinschaft sehr profitiert.

Die beiden *matsuri* sind leicht geschrumpft; beim *kiriko-matsuri* gab es 2015 noch fünf *kiriko* und beim *wakubata-matsuri* drei *wakubata* (siehe Foto 2 und 4). Aber ein paar Erneuerungen machen Hoffnung: Beim *kiriko-matsuri* wurde auch ein kleinerer *kiriko* für Kinder benutzt, der von Jungen und Mädchen sowie älteren Männern getragen wurde. Das Hilfsprojekt der Universität Kanazawa gibt es immer noch und die Zahl an Teilnehmenden ist mit zehn bis fünfzehn Personen konstant; die Finanzierung wird durch wechselnde Fördergelder von Stiftungen gewährleistet. Beim *kiriko-matsuri*, das nachts stattfindet, dürfen mittlerweile auch Studentinnen den *kiriko* mittragen (siehe Foto 3); beim *wakubata-matsuri*, das tagsüber stattfindet, sollten sie jedoch weiterhin lediglich kleine zusätzliche Gegenstände wie Fahnen tragen, während den männlichen Teilnehmern *mikoshi* und *wakuba-*

ta vorenthalten bleiben. Dennoch kann man sagen, dass die Gender-Regeln mehr und mehr aufgebrochen werden, was für eine Erhaltung der *matsuri* angesichts des Personalmangels wichtig ist. Beim *wakubata-matsuri* kamen auch zwei ehemalige Studenten zur Unterstützung, die heute als Salaryman arbeiten und vor zwei bzw. drei Jahren an dem Austauschprojekt teilgenommen haben. Sechs Studenten, die durch die Hilfe beim *matsuri* in Kontakt mit dem Dorf gekommen sind, haben ihre Abschlussarbeit über Natauchi geschrieben.

Die Dorfbewohner wirkten insgesamt offener und freundlicher gegenüber den Studenten als beim Besuch vor vier Jahren. Viele Siedlungsvorsteher sind eine Generation jünger geworden und man scheint sich gut mit den Gästen arrangiert zu haben. Besonders beim *wakubata-matsuri* wurde deutlich, dass die Hilfe der Studenten keine bloße Erfahrung sein soll, sondern eine wichtige und geplante Unterstützung. Die männlichen Studenten wurden aufgefordert – bei allen drei mit *wakubata* teilnehmenden Siedlungen nacheinander –, *wakubata* oder *mikoshi* mitzutragen; je nachdem, wo die jeweilige Siedlung Mangel an helfenden Händen hatte. Dies bewirkt einen intensiveren Austausch mit den Einheimischen und kann auch den Studenten einen besseren Eindruck vom Aufwand und der Struktur der *matsuri* vermitteln.

Abschließend möchte ich festhalten, dass das Dorf Natauchi sich besser entwickelt hat, als es nach dem ersten Feldaufenthalt zu erwarten war. Insbesondere haben in meinen Augen die engagierten lokalen Führungskräfte und ihr regelmäßiger Austausch mit der Universität zu reflektierteren und nachhaltigen Projekten, wie der Umstrukturierung der Reisfelder oder einer Intensivierung der Wohlfahrtsmaßnahmen, geführt. Austauschaktivitäten wie das „*matsuri*-Hilfsprojekt" können, wenn sie langfristig stattfinden, neue Netzwerke und Ideen entstehen lassen, von denen ein überaltertes Dorf wie Natauchi profitieren kann.[19]

---

[19] Bedauerlicherweise führten Personalumstellungen und -not seitens der Universität dazu, dass das Hilfsprojekt in den Jahren 2016 und 2017 nicht mehr stattfinden konnte.

Foto 1: Reisfelder in Natauchi und Baumaßnahmen, um die Felder in Zukunft leichter maschinell bewirtschaften zu können (Quelle: Autor 2015).

Foto 2: Kiriko-matsuri mit vier großen kiriko und einem kleinen (Mitte links) für Kinder und Senioren (Quelle: Autor 2015).

Foto 3: Studenten helfen beim Tragen eines kiriko; im Vordergrund ist auch eine Frau zu erkennen (Quelle: Autor 2015).

Foto 4: Wakubata-matsuri mit drei wakubata und sieben mikoshi (Quelle: Autor 2015).

Quellenverzeichnis

BRUMANN, Christoph. 2012. *Tradition, Democracy and the Townscape of Kyoto. Claiming a Right to the Past*. London u. a.: Routledge.

CHIIKI KASSEIKA SENTĀ (Initiative für die Förderung ländlicher Gebiete). 2011. „Fujinose Reisui Kōen Kanri Kumiai" [„Die Wunderwasserparkverwaltungsgruppe von Fujinose"]: http://youtu.be/1ffwKGKTFzs (abgerufen am 17.04.2018).

CHŪNICHI SHINBUN (Regionale Zeitung). 2010. „Kahoku ,Shichi Fukujin Sentā' kigyō tettai he taiōhakushi saikaihatsu miezu" [„Kakoku: Das ,Sieben-Glücks-götter-Zentrum' schließt, keine Stellungnahme, keine Neueröffnung in Sicht"]: http://www.chunichi.co.jp/article/ishikawa/toku/genba/CK2010100302000164.htm (abgerufen am 20.09.2012).

CREIGHTON, Millie R. 1995. „Japanese Craft Tourism. Liberating the Crane Wife". In: *Annals of Tourism Research* 22 (2): 463–478.

CREIGHTON, Millie R. 1997. „Consuming Rural Japan. The Marketing of Tradition and Nostalgia in the Japanese Travel Industry". In: *Ethnology* 36 (3): 239–254.

DALE, Peter N. 1986. *The Myth of Japanese Uniqueness*. New York: St. Martin.

ERTL, John. 2008. „International Peripheries. Institutional and Personal Engagements with Japan's Kokusaika Movement". In: ERTL, John; GRABURN, Nelson H. H.; TIERNEY, R. Kenji: *Multinationalism in the New Japan – Crossing the Boundaries within*, 82–100. New York, Oxford: Berghahn.

FPC (Foreign Press Center). 1997. *Japan. Eyes on the Country. Views of the 47 Prefectures*. Tōkyō: FPC.

GAO, Jinfang. 2000. „Natauchi no chiiki kasseika katsudō ni okeru shizen shigen no minaoshi: Reisuikōen wo chūshin ni" [„Eine neue Sichtweise auf die natürlichen Ressourcen von Natauchi für die Wiederbelebung der Region: Mit Fokus auf den Wunderwasser-Park"]. In: *Kanazawa Daigaku: Kanazawa daigaku bunka jinruigaku kenkyūshitsu chōsa jisshū hōkokusho* 2000: 100–105.

HAKUI 2015. „Hakui Tourism Information": http://www.hakui.ne.jp/kankou (abgerufen am 17.03.2015).

HEISE, Jens. 1989. „Nihonron – Materialien zur Kulturhermeneutik". In: MENZEL, Ulrich (Hg.): *Im Schatten des Siegers. Band 1. Kultur und Gesellschaft*, 76–97. Frankfurt a. M.: Suhrkamp.

HOKKOKU SHINBUN (Regionale Zeitung, 17.08.2011): „Nanao de kindaisei 12nin isamashiku hōtō wo katsugu osuzumi matsuri" [„Zwölf Studierende der Kanazawa-Universität tragen beim *Osuzumi-matsuri* in Nanao mutig die *hōtō* (=*kiriko*)"].

Timo Thelen

Timo Thelen

HOKKOKU SHINBUN (24.09.2011): „Wakubata akizora ni hatameku" [„Die *wakubata* wehen am Herbsthimmel"].

IVY, Marilyn. 1995. *Discourses of the Vanishing. Modernity, Phantasm, Japan.* Chicago: University of Chicago Press.

JAPANISCHE REGIERUNG (Naikakufu). 2011. „Heisei 23 nenhan kōrei shakai hakusho. Gaiyōhan PDF keishiki" [„Weißbuch der überalteten Gesellschaft 2011. Zusammenfassung als PDF-Datei"]: http://www8.cao.go.jp/kourei/whitepaper/w-2011/gaiyou/pdf/1s1s.pdf (abgerufen am 17.04.2018).

KAMIYA, Hiroo. 2011. „„Noto no matsuri shien purojekuto' de gakusei to chiiki wo tsunagu" [„Mit dem ‚Noto-*matsuri*-Unterstützungsprojekt' Studenten und das Land verbinden"]. In: *Acanthus* (Zeitschrift der Kanazawa-Universität) (21): 14–15.

KAMIYA, Hiroo. 2012. „Nanao-shi Natauchi-chiku ni okeru kiriko-matsuri no keishō to shūraku no iji" [„*Kiriko-matsuri* und die Erhaltung der Siedlungen im Dorf Natauchi, Stadt Nanao"]. In: *Kanazawa Daigaku Ningen Shakai Kenkyū Ikifuzoku Chiiki Seisaku Kenkyū Sentā: Chiiki Seisaku Kenkyū 2011 Nenpo*: 101–114.

KELLY, William W. 2006. „Rice Revolutions and Farm Families in a Tohoku Region. Why Is Japanese Farming Culturally Central and Economically Marginal? ". In: THOMPSON, Christopher; TRAPHAGAN, John W. (Hg.): *Wearing Cultural Styles in Japan: Concepts of Tradition and Modernity in Practice*, 47–71. State University of New York Press.

KNIGHT, John. 1994. „Rural Revitalization in Japan. Spirit of the Village and Taste of the Country". In: *Asian Survey* 34 (7): 634–646.

MATANLE, Peter; RAUSCH, Anthony. 2011. *Japan's Shrinking Regions in the 21st Century.* Amherst: Cambria Press.

MARTINEZ, D.P. 1990. „Tourism and the Ama. The search for a real Japan". In: BEN-ARI, E., MOREAN, B.; VALENTINE, J. 1990. *Unwrapping Japan: Society and Culture In Anthropological Perspective*, 97–116. University of Hawaii Press.

MRO NEWS (Lokales Nachrichtenportal). 2010. „Kindaisei ga kiriko matsuri suketto" [„Studenten der Kanazawa-Universität als Helfer beim kiriko-matsuri"]: http://www.mro.co.jp/blog/news/index.php?e=485 (abgerufen am 14.02.2012).

MORRIS-SUZUKI, Tessa. 1995. „The Invention and Reinvention of ‚Japanese Culture'". *The Journal of Asian Studies* Vol. 54, No. 3, 759–780.

NARITA, Ryūichi. 2000. „Toshi kūkan to ‚kokyō" [„Der Stadtraum und die ‚Heimat'"]. In: YANO, Keiji (Hg.): *Kokyō no sōshitsu to saisei*, 11–36. Tōkyō: Aoyumi.

68

Furusato-zukuri und der Mythos der revitalisierten Peripherie

NOTO IKIMONO MAISUTĀ JIGYŌ (Projekt der Universität Kanazawa). 2010. „Ishikawa no satoyama satoumi seibutsu tayōsōsei shimpojiumu" [„Symposium zur biologischen Artenvielfalt in der Ishikawa-Satoyama-Satoumi-Region"]: http://blog.canpan.info/ikimono/daily/201010/02 (abgerufen am 17.04.2018).

ROBERTSON, Jennifer. 1988. „Furusato Japan. The Culture and Politics of Nostalgia". In: Politics, Culture, and Society 1 (4): 494–518.

ROBERTSON, Jennifer. 1991. Native and Newcomer. Making and Remaking a Japanese City. Berkeley: University of California Press.

ROBERTSON, Jennifer. 1997. „Empire of Nostalgia. Rethinking ,Internationalization' in Japan Today". In: Theory, Culture and Society 14 (4): 97–122.

TAKESHITA, Noboru. 1987. Nihon. Subarashii kuni. Watakushi no „furusato-sōsei-ron" [Japan. Das wunderbare Land. Mein ,Heimat-Erschaffungs-Diskurs']. Tōkyō: Kōdansha.

THELEN, Timo (2015): „Connecting Academia and Furusato-zukuri in Rural Japan: The 'Festival Support Project' of Kanazawa University and its Impact on a Village Community in the Noto Peninsula". In: Ningen Shakai Kankyō Kenkyū / Human Socio-Environmental Studies 30: 171–193.

THOMPSON, Christopher 2004. „Host produced rural tourism. Towa's Tōkyō antenna shop". In: Annals of Tourism Research 31 (3): 580–600.

TORIYAMA, Heizō. 2008. Komyuniti no hensen to rinshōshinri [Die Veränderung und Abwesenheit von Gemeinschaft]. Tōkyō: Kazamashobō.

TOYAMA, Misao (Hg.). 1993. Ora ga mura no ichi oku en wa nani ni baketa ka [In was haben wir unser Dorf mit hundert Millionen Yen verwandelt?]. Tōkyō: Ondorisha.

UNESCO. 2012. „Oku-noto no Aenokoto" [„Aenokoto in Oku-Noto"]: http://www.unesco.org/culture/ich/index.php?pg=00011undRL=00271 (abgerufen am 05.11.2012).

YASUI, Manami. 2000. „Shōhi sareru ,furusato'" [„Die ,Heimat', die konsumiert wird"]. In: YANO, Keiji (Hg.): Kokyō no sōshitsu to saisei, 91–132. Tōkyō: Aoyumi.

YONEYAMA, Toshinao. 1996. Toshi to nōson [Stadt und Dorf]. Tōkyō: Hōsōdaigaku.

Social inclusion of marriage migrants from Asian countries in rural Japan

Hiroo Kamiya

1. Introduction

The rural international marriage phenomenon began to have an impact as a major social problem in the mid-1980s. At that time, rural villages mainly in the Tohoku area promoted matchmaking meetings between local men and Asian women, and many foreign women came to rural Japanese villages. By mapping the gender ratio of foreigners, Kamiya (2011) has found that foreign women account for a high proportion of the foreign population in municipalities in Tohoku and in other remote regions of Japan such as Shikoku and Kyushu. This finding provides evidence for the large influx of Asian women as brides in rural areas that traditionally have few foreigners. The government subsequently ended its efforts to promote international marriages in response to harsh media criticism, and instead focused on response measures to help assimilate the 'marriage immigrant' women who had arrived in rural villages as regional residents.

A large number of researchers have examined the many problems in rural villages that have brought in brides from Asia, the societal factors that motivate rural international marriages, and how Asian women have adapted to living in Japan. Working mostly from a sociological perspective, Takeda (2011) discusses the transformation of rural village life itself, stating that bringing in international marriage immigrants can cause changes in families and society, and attempting to describe how the situation of marriage immigrant women has evolved over time. But since Japan's population started decreasing in 2007, arguments in favor of actively bringing immigrants into Japanese society have been gaining ground (Sakanaka and Asakawa 2007). Given the patchwork of measures dealing with the increasing number of newcomers, the Ministry of Internal Affairs and Communications and rural local governments have started to view foreign permanent residents as component members of local society. Multiculturalism policies are now appearing that view marriage immigrant women as an important element for local community-building, not just as recipients of assistance (Yamawaki 2011). Since the 1990s the central focus of discussions on multiculturalism have been Brazilians of Japanese descent, trainees, and technical interns. Marriage immigrants have been given little attention. As mentioned by Piper (2003) and Nakamatsu (2003), marriage immigrants are integrally connected to labor immigrants. Their role in rural international marriage has been to create the next generation of rural villagers. It is therefore important to elucidate the roles that international marriage immigrants have played in community-building.

This paper describes the measures that rural local governments have pursued to integrate marriage immigrants into society from the beginning of the rural international marriage phenomenon in the 1980s until the present day. The following section reviews the research to date on multiculturalism policies in Japan. The third section describes trends among marriage immigrants in Japan, supported by population trend statistics data. The fourth section discusses the marriage immigrant assistance measures that rural local governments have created, using the results of past surveys by municipalities in Yamagata Prefecture to describe trends through the 1990s and the results of interviews by the author to describe trends after 2000. It also attempts to describe how marriage immigrant assistance measures created by rural local governments have affected marriage immigrants in recent years.

2. Multiculturalism policies in Japan

This section draws from Watado (1996, 2007), Takahata (2001), and Yamawaki (2011) to review multiculturalism policies in Japan and how local governments have responded to multiculturalism. In accordance with Watado (2007), local government measures to respond to the increase in the number of foreign permanent residents (dubbed 'newcomers') can be categorized into the following three phases.

2.1 Emergency response phase (late 1980s through mid-1990s)

The Plaza Accord[1] started a rapid globalization of Japan's economy, and *kokusaika* (internationalization) became a buzzword in the country. With the financial and service industries liberalized and markets opened to boost domestic demand, the country began to call for 'internal internationalization' in addition to 'external internationalization'. Local governments throughout Japan responded by creating organizations for international relations, and in 1988 the Council of Local Authorities for International Relations was created to investigate and research overseas regional financial systems and to assist the activities of local governments overseas. However, these developments were mainly measures for foreigners as tourists or temporary residents, and were conducted as part of international relations activities aimed at regional revitalization. There was little awareness of measures targeting foreigners as workers or ordinary people – in other words, as residents. In 1992 an international office was created in the Ministry of Home Affairs, and the Japan International Academy of Municipalities was created to foster and improve the ability of municipal government employees to deal with internationalization.

A large influx of job-seeking foreigners to Japan started in the 1990s, and many of the arrivals were Brazilians of Japanese descent and trainees. Citizen groups led initiatives to assist these newcomers. The 1990s also saw the Korean 'oldcomer' residents of Japan, who had been protesting fingerprinting measures since the 1980s, increasingly demanding the right to take part in local politics and hold public office, and support for abolishing a nationality requirement when hiring employees increased among the governments of Japan's prefectures and major cities. But since the national government had low awareness of the notion of incorporating Japan's foreign residents into Japanese society, there was no unified policy for dealing with foreign residents despite the rapidly growing number of measures to deal with them.

---

[1] The Plaza Accord was an agreement between the governments of France, West Germany, Japan, the United States, and the United Kingdom to depreciate the United States dollar in relation to the Japanese yen and German Deutsche Mark by intervening in currency market. The five governments signed the accord on September 22, 1985, at the Plaza Hotel in New York City.

To deal with the rapidly growing number of foreign permanent residents, the focus of international measures created by local governments shifted towards measures to deal with the rapid increase of newcomer foreigners and away from projects created in the bubble years of international relations organizations (such as sister city and student exchanges). The achievements of these measures included the creation of multilingual information on basic everyday government services used by foreign residents (such as garbage collection rules and information for residents) and multilingual signage in government buildings, as well as the establishment of help centers. It was during this first phase that the buzzwords among local governments gradually started shifting from 'regional internationalization' towards 'internal internationalization'.

2.2 Phase of searching for ways to systemize measures for foreign residents (mid- to late 1990s)

After the end of Japan's bubble economy, the country entered a prolonged recession and the international competitiveness of its industries slumped. Industry increasingly pressured the government to reduce domestic labor costs by easing labor market restrictions. The government responded by revising the trainee system in 1993, introducing a system of one-year training and one-year technical internships (later extended to two years in 1997). Brazilians of Japanese descent and other newcomer foreigners started staying for longer periods of time, and areas with high numbers of foreign residents started experiencing a large number of general everyday problems. Dealing with childcare and education for foreign children and students was a particularly large issue for local governments that found themselves under pressure to deal with problems of school entry and delinquency. They responded by attempting to systematize measures for foreign permanent residents, both as residents and as members of society. Some local governments created measures that went beyond just providing assistance to foreign permanent residents, and encouraged their participation in the local community.

2.3 Multiculturalism policy phase (2000 to present)

Moves to systematize measures for foreign residents that began in the latter half of the 1990s gained full speed in the 2000s, and the number of local governments that passed measures for foreigners increased. The activities of these local governments have started to increase the pressure on the national government through the increasing use of networks and opinion-spreading activities. For example, the Council for Cities of Non-Japanese Residents is an association formed in 2001 that works on preparations for receiving foreign permanent residents from the perspective of rural local governments. The council holds annual conventions in member cities, adopting a declaration bearing the name of the host city on the final day and actively offering policy opinions to the national government. The Council for the Promotion of Multicultural Coexistence is a similar organization formed by five prefectural governments (Gunma, Gifu, Shizuoka, Aichi, and Mie) and the municipal government of Nagoya. Like the Council for Cities of Non-Japanese Residents, it also offers opinions to the government.

In 2006 the Ministry of Internal Affairs and Communications created a plan for regional multiculturalism that placed multiculturalism as its third focus, in addition to the international relations and international cooperation initiatives that have so far been implemented for regional internationalization by the international relations organizations of various regions. The governments of the prefectures and major cities responded by creating their own guidelines and plans for multiculturalism that were designed to promote multiculturalism policies in a comprehensive and organized manner. Meanwhile, with Japan's shrinking population becoming recognized as a major social problem around 2000, the government and experts have started discussing immigration policy in conjunction with the serious labor shortage anticipated in the future.

The September 2008 collapse of Lehman Brothers in the United States greatly damaged Japan's economy, and many Brazilians of Japanese descent who worked in the manufacturing industry were laid off. In 2009 the government created an organization within the Cabinet Office to promote measures for foreign permanent residents. The various assistance measures the organization oversees include assistance in the areas of education, employment, and housing, as well as helping foreigners of Japanese ancestry return to their home countries and providing information to recipients in Japan and overseas. It also promotes activities by related government agencies. The organization's creation has been a revolutionary development for rural local governments that have been under pressure to deal with foreigners living in the community while lacking unified measures from the central government.

Training personnel to take on the work of multiculturalist community-building in the public and private sectors is an urgent task for the promotion of a multicultural society in the years ahead. In financial year 2006, the Japan Intercultural Academy of Municipalities introduced training that was designed to improve foreign permanent resident support and problem-solving abilities, creating a training course for multiculturalist managers. Similar moves among local governments and universities have seen the creation of courses with titles such as 'Training for coordinators in the multicultural society' and 'Training course for multicultural social workers'. Such training courses for the workers on the front lines of multiculturalism will promote problem-solving initiatives tailored to regional conditions.

3. Marriage immigrant trends in Japan

This section provides an overview of marriage immigrant trends in Japan. According to Ishikawa (2010), there were between 5,000 and 7,000 international marriages annually in Japan through the 1970s; the number then started rising suddenly, along with the expansion of Japan's economic bubble in the 1980s. The number of international marriages continued rising even after the burst of the bubble in the 1990s, reaching a peak of about 47,000 in 2006, or 6.1 % of all marriages in Japan. Since the 2006 peak, the number has been dropping fairly rapidly, stemming partly from stricter requirements for obtaining an entertainer's visa enacted in 2005.[2] As a result,

---

[2] The requirements for obtaining an entertainer's visa were made stricter in 2005, creating a wave of marriages between Filipino women who had come to Japan on an entertainer's visa and were in relationships with Japanese men. There was a resulting record high number of marriages between Filipino women and Japanese men in 2006. Subsequently, the number

the number of international marriages fell to about 26,000 in 2011, or 3.9 % of all marriages. International marriages between a Japanese husband and foreign wife account for 70 % to 80 % of all international marriages. There are few international marriages between a foreign husband and Japanese wife. Among marriages between a foreign husband and Japanese wife, the most common country of origin of the foreign spouse is China, followed by the Philippines and Korea – a pattern that has barely changed in the past 20 years.

Researchers such as Ishikawa (2010) and Kamiya and Lee (2009) have described the change in the regional distribution pattern of marriages between Japanese men and foreign women by saying that international marriages that began in the rural villages of Yamagata Prefecture and other parts of the Tohoku area became a significant trend in the mid-1980s that is spreading to large cities. Ishida (2012) also reports on the role of marriage introduction agencies in the increase in international marriages through agencies in large urban areas. Percentages of unmarried men that were once high only in rural villages have now risen in urban areas, and this rise is a possible cause of the nationwide spread of international marriages. In turn, one cause of the rise of unmarried men in urban areas may be the increasing deregulation of the labor market in the recessionary environment following the burst of the bubble economy, which has created an increase in contingent workers in urban, as well as rural, areas. Since the focus of this paper is local government assistance measures for international marriage immigrant women, the discussion below covers assistance measures by local governments in rural areas – the areas where assistance measures for marriage immigrant women first became a major policy issue in Japan.

Researchers such as Mitsuoka (1989, 1996), Shukuya (1988), Sato (1989), Higurashi (1989), Shibata (1997), and Takeda (2011) have already described the process

---

of Filipino women coming to Japan on an entertainer's visa fell dramatically. Marriages between Filipino women and Japanese men also declined. The decline was ascribed to the reduced opportunities for meeting, but since the numbers of marriages to Chinese women and Korean women have also declined significantly since 2006, there are thought to be other causes for the decline in numbers of international marriages in recent years besides the stricter requirements for an entertainer's visa. The nature of these causes is unknown.

behind the influx of international marriage immigrant women in rural areas. They have attempted to describe it from the logic of Japanese rural village life and the malecentered regional, agricultural, and farming society that brings in marriage immigrants as brides. But there are few explanations of the motives of marriage immigrants to marry, or of the sort of future they expect to obtain by marrying. Researchers such as Piper (2003) and Nakamatsu (2003) have described international marriage from the logic of marriage immigrants, stating that the women regard international marriage as a means to enter the country when unable to obtain a work visa. They claim that for international marriage immigrants, immigration through marriage is one means of working overseas. This point is very important when devising assistance measures for marriage immigrants, so is revisited in the next section's discussion of the appropriateness of assistance measures.

In the following I briefly describe the rise in international marriage immigrant women in rural areas, following Takeda (2011) and Shibata (1997). The development that first brought attention to the issue of foreign marriage immigrants in Japan's rural villages was a government-led international marriage project started in 1985 by the town of Asahi-machi, Yamagata Prefecture. The project was designed to provide a solution to the shortage of farm successors by bringing in brides from the Philippines. It was followed by subsequent projects in Yamagata Prefecture villages such as Okuramura (1986), Mamurogawa-mura (1987), Sakegawa-mura (1988), and Tozawa-mura (1989). The increase in international marriage immigrants in the late 1990s was not limited to Yamagata Prefecture, but continued increasing in and around the Tohoku area in prefectures such as Akita, Fukushima, and Niigata. Ochi-ai et al. (2007) used census data to identify characteristics of newly arrived foreign women, categorizing their relationship to the head of household as 'Wife', 'Wife of son (daughter-in-law)', or 'Other'. They found a high proportion of 'Daughter-in-law' responses in Niigata Prefecture and the six prefectures of Tohoku. However, the prevalence of international marriage immigrant women has not always been clustered around rural prefectures in recent years, and has spread to the Tōkyō area and other large urban areas, and to industrial areas such as the Chubu region and northern Kanto.

4. Marriage immigrant measures by rural local governments

4.1 Measures in Yamagata

This section starts by providing an overview of government measures in the Mogami area of Yamagata Prefecture that are designed to assist foreign permanent residents and target international marriage immigrants. It then discusses subsequent developments based on interviews carried out by the author in local municipalities with large numbers of international marriage immigrants.

Shibata (1997) and Yokoyama (1998) have studied the Mogami area's local government assistance measures for international marriage immigrants and divided them into a first era (the era of rampant internationalization; 1986 to 1988), second era (the era of setting conditions for bringing in foreign wives; 1989 to 1992), and third era (the era of community-building with mutual recognition of the equal rights of people of different nationalities and races; 1993 to present). During the first era, government measures were very limited (such as assistance with visa renewals) and assistance for foreign spouses was considered the purview of agricultural commissions. Hence, local governments considered assistance for marriage immigrants to be a response to the farm successor problem (Shibata 1997).

The second era saw almost all the municipalities in the Mogami area creating positions for internationalization staff members within local government. Government-organized Japanese language classes were created and provided a way to identify problems encountered by foreign residents and what they wanted from government. The opening of the Mogami Wide-Area Service Union International Relations Center in 1989 created a network among prefectural and national government organizations, volunteer organizations, and experts by providing training courses for Japanese language teachers, liaison meetings for municipal internationalization staff, and symposiums, presentations, and seminars on internationalization.

During the third era, advice from experts led various government departments in areas such as education and childcare, public health centers, government services, and lifelong learning to create measures designed to promote coexistence with the foreign residents living in the region. Okawa (1998) subjected 44 municipalities in

Yamagata to a questionnaire survey on measures pertaining to the living environments of foreign permanent residents, and described the current state of response measures in 1997. The study's major findings were that (1) the conditions under which foreigners can move into public housing vary from one local government to another; (2) 81.4 % of local governments had created foreign language versions of their mother/child health handbooks; (3) 15.9 % had systems of volunteer interpreters for medical service visits; (4) information for foreigners consisted mostly of foreign language versions of guidebooks for residents that many local governments had created (only a very small number of local governments had created foreign language versions of their town handbooks); (5) 61.4 % of local governments offered Japanese language classes (due to the large number of international marriage immigrants in Mogami, all the Japanese language classes there were sponsored by local governments); and (6) 25.0 % of local governments had set up information centers for foreigners (the number was particularly high in Mogami due to its large number of international marriage immigrants).

4.2 Recent local government assistance measures

The local government assistance measures for international marriage immigrants discussed so far were created by local governments in Yamagata in the mid-1980s through the 1990s, which were under pressure to come up with measures to respond to the influx of marriage immigrants after being the first area of Japan to bring them in. It has now been more than 20 years since the Yamagata town of Asahi-machi became the first municipality to bring in marriage immigrants from the Philippines in 1985, so how have local government assistance measures developed over that time? To answer that question, the author conducted interviews on foreign permanent resident assistance measures from August 2007 through March 2009. The interview subjects were mainly Tohoku-based local governments and international relations organizations that had brought in many marriage immigrants. The main interview topics included the numerical breakdown of foreign permanent residents by visa status, to industrial structure, foreign permanent resident assistance measures, active/characteristic foreign permanent resident assistance projects, and whether informa-

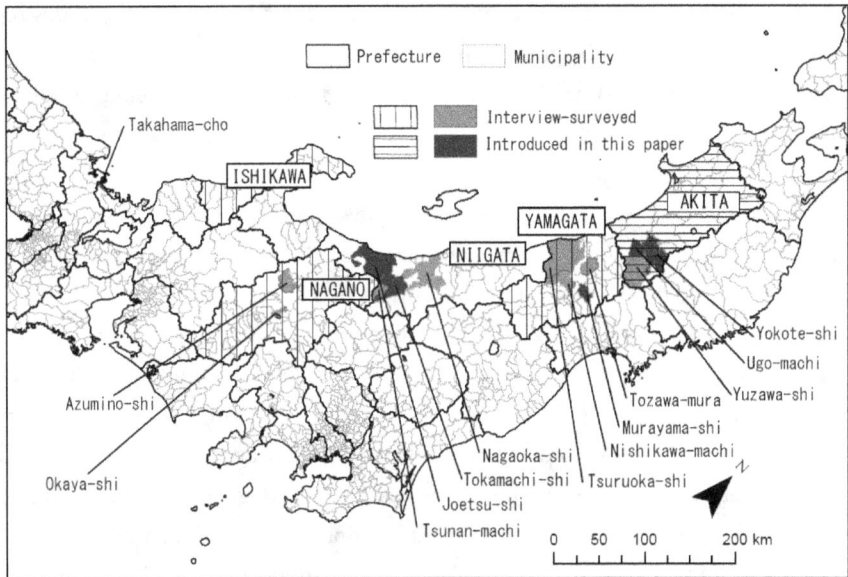

Fig. 1: Map of municipalities investigated in this study (own creation).

tion exchange meetings or liaison networks exist to provide contact with the staff of other municipalities who assist foreign permanent residents. The local governments interviewed include those reported by researchers such as Itamoto (2005), Shukuya (1988), and Sato (1989), along with others mentioned by other interview subjects as being in areas with large numbers of foreign permanent residents. Seven of the interview subjects are described below: the Akita International Association, the municipal governments of Ugo-machi (Akita), Yokote (Akita), Murayama (Yamagata), Toka-machi (Niigata), and Joetsu (Niigata), and the International Association of Takahama-cho (Fukui) (Fig. 1).

a) **Akita International Association:** Characteristic features of prefecture-level foreign resident assistance measures include projects that survey Japanese language classes offered by municipalities in the prefecture and provide information about them in newsletters. All Akita Prefecture municipalities once had departments in charge of international relations, and Japanese language classes offered by each municipality. But municipal financial difficulties at the beginning of the 2000s re-sulted in some Japanese language classes being discontinued due to mergers. The cities of Yokote and Noshiro have particularly high numbers of foreign residents, and the town of Ugo-machi has significant numbers of international marriage im-migrants. Yokote has high numbers of Chinese and Korean residents, while Noshiro has high numbers of residents from the Philippines and other southeast Asian coun-tries. The Akita International Association has created a support hotline, but foreign spouses tend not to seek support until problems become serious.

b) Town of Ugo-machi, Akita: There are about 80 international marriage im-migrants (foreigners with spouse or permanent resident visas) living in the town of Ugo-machi. Responding to continually rising numbers of international marriage immigrants, the town started providing Japanese language classes in 1997, and started a help center in 1999. The center has hired a long-time resident Chinese woman as a part-time support staffer and a Filipino woman who works one day per week. The town's characteristic projects include support for the Cosmos no Kai, an organization of women who moved to Ugo-machi after marriage, along with activities to promote mutual exchanges by sponsoring recreational activities and gettogethers for family members. The town's support for language classes ended in 2004, but classes resumed in 2007. In 2001 the town organized an overseas study/ tour project enabling Japanese husbands to visit the birthplaces of their immigrant wives who had moved to Ugo-machi after marriage, giving the husbands a better understanding of the culture of their wives' homelands.

c) City of Yokote, Akita: Yokote is a city with a population of about 100,000 and a foreign resident population of about 600. The breakdown of these foreign residents by visa status is unknown. Since sewing is the local industry, there are many Chinese women working as trainees. The present-day city was created by merging eight mu-nicipalities in 2003. As a result, it occupies a very large land area and Yokote's city hall does not have an adequate understanding of the measures for foreign residents that were created by the pre-merger municipalities. The number of marriage im-migrants living in Yokote is estimated to be about 100. Japanese language classes are offered by the pre-merger city of Yokote and the pre-merger town of Jumonji-machi.

Due to financial difficulties, the only government support is for creating foreign language (Chinese, Korean, and English) versions of the guidebook for residents, for Japanese language classes, and to support the activities of the Tulip no Kai, an organization of marriage immigrants and their families.

d) City of Murayama, Yamagata: Murayama is a city with a population of about 28,000 (October 2007), with 220 resident foreigners. The foreign residents presumed to be marriage immigrants are 62 women with Japanese spouse visas and 107 women with permanent resident visas. Most foreign residents are Koreans, followed by Chinese and Filipinos. A volunteer organization run mainly by marriage immigrants from Korea and the Philippines offers Japanese language classes. Besides these classes, there are no significant assistance programs for foreign permanent residents.

e) City of Toka-machi, Niigata: The present-day city of Toka-machi was created by a 2005 merger of the former Toka-machi with four other municipalities (Kawanishi-machi, Nakasato-mura, Matsudai-machi, and Matsunoyama-machi). In 2007 the presumed number of international marriage immigrants was 170 (125 with Japanese spouse visas and 45 with permanent resident visas), concentrated in the former Matsunoyama-machi. Most of them are Chinese, followed by Koreans and Filipinos. Japanese language classes and projects providing interaction with community residents are offered as community center projects. One characteristic project subsidizes accommodation expenses when the parents of foreign spouses are invited to visit from their homelands.

f) City of Joetsu, Niigata (Joetsu International Association): The city of Joetsu in Niigata Prefecture was created by a 2005 merger of the former Joetsu with 13 neighboring municipalities. Due to the region's heavy snowfalls, the neighboring municipalities that lie in semi-mountainous terrain have experienced significant depopulation. Foreigners with Japanese spouse visas reside both in the former Joetsu and in a wide distribution throughout the neighboring areas. Initially, many of the international marriage immigrants residing in Joetsu were Filipinos. Subsequently, the numbers of Taiwanese and Koreans increased, and recently there are a large number of Chinese. A striking characteristic of the Joetsu International Association's website is its abundance of content in four languages (Japanese, English, Korean, and Chinese), which results in the association receiving many calls to its help center on behalf of foreign residents outside the city or prefecture. The association's support staff includes a Chinese member. Basic Japanese language classes are offered at two locations in Joetsu, and there is also a program to train Japanese language volunteers. The association also focuses on providing learning support for children and students with insufficient Japanese language ability. It sends Japanese language volunteers and learning volunteers (university students) to elementary and junior high schools, and edits or creates glossaries for inschool use to aid communication between teachers and children and their guardians. It organizes weekly classes taught by volunteers on Saturdays for foreign children. It also holds international marriage study meetings to assist foreign-born residents with marriage and divorce procedures, visa renewal and visa status change procedures, and common problems in international families that arise from language or culture differences.

   g) International Association of Takahama-cho, Fukui (within the Education Commission): The town of Takahama-cho is located on the western edge of Fukui Prefecture. The town's core industry is subcontracting work for the nuclear power plant in the town. In 2006 Takahama-cho was home to 27 women with Japanese spouse visas and 55 with permanent resident visas. Many of the women with Japanese spouse visas are Filipino women who previously entered the country on an entertainer visa, likely because Takahama-cho has strong economic ties with the neighboring city of Maizuru in Kyoto Prefecture, and many men from Takahama-cho likely married Filipino women who had worked there. Japanese language classes for foreign residents are offered in a room owned by the Education Commission. The teachers are volunteers. Guidebooks for residents and garbage collection rule flyers are created in five languages through a subsidy from the Council of Local Authorities for International Relations.

5. Findings

The sections above describe assistance measures for marriage immigrants created by local governments. Descriptions of developments in Yamagata from the mid-

1980s through the 1990s come from existing survey results, while descriptions of trends after 2000 come from interviews conducted by the author. The findings can be summarized as follows.

As seen with the municipalities of Yamagata, local governments experiencing a sudden rise in numbers of marriage immigrants between the mid-1980s and early 1990s required emergency response measures to give these immigrants assistance for everyday problems. A variety of forms of assistance for foreign residents started suddenly appearing in the mid-1990s, including Japanese language classes, help centers to assist in foreign languages, childcare and schooling, and community participation programs and awareness activities for neighboring Japanese residents. The Mogami area of Yamagata rapidly developed measures for multiculturalism over the ten-year period after the first marriage immigrants were brought in. In other words, more than ten years before the 2006 creation of the central government's plan for multiculturalism in rural areas, multiculturalism measures were already being implemented in Mogami and other rural areas that had brought in marriage immigrants. Assistance measures were created so rapidly possible because the local governments themselves started the efforts to bring in the marriage immigrants (as a way to solve the shortage of farm successors). These international marriages started as a way to end a 'marriage crisis' that would result in a shortage of successors in rural areas, so were not an issue involving just individuals or families. After the marriage immigrants had been brought in, the communities may have therefore reached consensus on the need to provide assistance to the families. When local governments created assistance measures, the characteristics of the rural areas may have been a relative advantage. The small village communities made it easy for governments to identify the conditions of every household in the community, and residents had a lot of faith in government.

The situation gradually started changing around 2000. The financial situation of local governments had started deteriorating in the mid-1990s. Increasingly severe financial pressures were particularly common among local governments in depopulated areas that had brought in a large number of international marriage immigrants, resulting in a large number of mergers that created wide-area local governments.

These merged wide-area local governments are finding it more difficult than before to identify marriage immigrants living in the community, and assistance projects are shrinking due to budget cuts. As mentioned previously, the influx of marriage immigrants that was once high in the rural areas of the Tohoku area and Niigata Prefecture has leveled off or is decreasing in this region.

As described in the second section, there has been a significant influx of Brazilians of Japanese descent and Chinese trainees and technical interns since the 1990s, and central government policies on foreign permanent residents have been increasingly systematized. In 2006 the government created a comprehensive set of response measures dealing with foreigners as residents. It covers four main areas: creating regional communities amenable to foreign residents, augmenting education for the children of foreigners, improving working environments and encouraging membership in the social insurance system, and re-evaluating the visa system.

The creation of these response measures has progressively reduced the disparities between the foreign permanent resident assistance measures created by regions of large and small populations of foreign permanent residents, or among regions with large populations of Brazilians of Japanese descent, marriage immigrants, and trainees/technical interns. As a result, rural communities in the Tohoku area and elsewhere that were conservative and closedminded due to low numbers of foreign permanent residents were suddenly transformed by a rapidly growing influx of international marriage immigrants into communities able to coexist with these immigrants and their families. These areas now have some of the most advanced attitudes in Japan regarding coexistence with marriage immigrants and their families.

But in recent years, the influx of international marriage immigrants has been moving away from rural areas towards large urban areas and their industrial outskirts. These highly urban areas have no well-defined regional communities, making it difficult for governments or local communities that attempt to extend assistance to even identify where marriage immigrant women live. Creating marriage immigrant assistance measures in urban areas that resemble the previous measures of rural areas may therefore be difficult.

6. Conclusion

To describe the sort of assistance measures that local governments have created for international marriage immigrants, this paper has examined the evolution of central government policies on foreigners and recent trends in marriage immigrants. From policies emphasizing international relations created before the 1990s, Japan's policies on foreign residents evolved into emergency response measures to deal with the rapid increase of newcomer foreign residents in the 1990s, and then, starting around 2000, into multiculturalism policies that view foreign permanent residents as ordinary members of society. Providing the impetus for this change were local governments in areas with large numbers of resident Brazilians of Japanese descent, which formed networks and actively advised the central government to promote multiculturalism policies.

In addition, Yamagata and other rural areas that received large influxes of international marriage immigrants in the latter half of the 1980s were rapidly creating policies on foreigners in the 1990s. But since around 2000, the influx of marriage immigrants has been progressively shifting from rural areas to cities, and the number of marriage immigrants arriving in rural areas has been decreasing. Facing financial pressure, local governments in rural areas are starting to reverse policies for foreign permanent residents. Meanwhile, marriage immigrants in urban areas are difficult to identify and these areas are home to many types of foreign permanent residents besides marriage immigrants, making it difficult to create policies that target marriage immigrants.

Finally, I want to address the differences in policies targeting international marriage immigrants and policies targeting all foreign permanent residents, an area that could not be adequately studied for this paper. There are differences in the problems faced by different groups of foreign permanent residents immediately after starting to live in Japan. Marriage immigrants have family and neighbor problems, while groups such as Brazilians of Japanese descent have work-related problems. Immigrants who start life in Japan with a Japanese spouse visa often deal with marriage, birth, and child-raising after a few years. They create families with their spouses and children, and are likely to live with their spouses' parents. So marriage immigrants must face resident family members and the with adapting to family relationships and the local community can easily arise. In addition, marriage immigrants rarely start work soon after arriving in Japan, so some amount of time usually passes before they need to face labor- or unemployment-related problems. On the other hand, local governments in areas with large numbers of Brazilians of Japanese descent have a more pressing need to create measures for employment and housing problems than measures dealing with the issues of childbirth, child-care, and schooling, or with guaranteeing residents' rights in areas such as medical welfare. While marriage immigrants and Brazilians of Japanese descent are both foreign permanent residents, each group requires measures with different priorities, since marriage immigrants come to Japan alone, marry Japanese citizens and create families, while Brazilians of Japanese descent often come to Japan with their families – although doubtless this difference becomes progressively smaller as the length of time living in Japan becomes longer.

This paper has several implications for studies on the impact of an increasing foreign population on Japanese society. Immigration policies aimed at reversing Japan's decreasing population have focused on two issues. One involves labor immigration and the other concerns female marriage immigrants. Previously, academic researchers have placed great emphasis on labor immigrants, while female marriage immigrants have received little attention, since they have been much fewer in number than labor immigrants and have lived in particular regions, such as remote rural communities. However, as discussed in the paper, cross-border marriage between foreign-born women and Japanese men is becoming a much more widely observed phenomenon across Japan. Furthermore, this paper has considered the historical development of measures taken by rural municipalities to integrate marriage immigrants into society. Consequently, the findings of this paper have great significance for the central government as it develops a social inclusion policy for marriage immigrants in Japan's future.

References

HIGURASHI, T. 1989. *Mura to ore no kekkon-gaku* (Marriage study for village and us). Tōkyō: Joho Kikaku Shuppan.

ISHIDA, Y. (2012). *Chūgokujin to no kekkon wa batchiri* (Perfect marriage with Chinese women). Tōkyō: Bungeisha.

ISHIKAWA, Y. 2010. "Role of Matchmaking Agencies for International Marriage in Contemporary Japan". In: *Geographical Review of Japan Series B* 83(1): 1–14.

ITAMOTO, Y. 2005. *Otte owarete kekkon sagashi* [Searching for marriage: between the chased and the chasing]. Tōkyō: Shin-Nippon Shuppan.

KAMIYA, H. 2011. "Sex ratio". In: ISHIKAWA, Y. (Ed.): *Chizu de miru Nihon no gaikokujin* [Mapping foreign residents in Japan], 6–7. Kyōto: Nakanishiya.

KAMIYA, H. and LEE, C. W. 2009. "International marriage migrants to rural areas in South Korea and Japan: A comparative analysis". In: *Geographical Review of Japan Series B* 81: 60–67.

MITSUOKA, K. 1989. *Nihon nōson no kekkon mondai* [The marriage problem of Japanese rural villages]. Tōkyō: Jicho-Sha.

MITSUOKA, K. 1996. *Nōson kazoku no kekkon-nan to kōreisha mondai* [The marriage crisis of rural village families and the problem of the elderly]. Kyōto: Mineruba Shobo.

NAKAMATSU, T. 2003. "International marriage through introduction agencies: Social and legal realities of "Asian" wives in Japanese men". In: PIPER, N. and ROCES, M. (Eds.): *Wife or Worker? Asian women and migration*, 181–201. Rowman und Littlefield, Lanham, ML.

OCHIAI, E., LIAW, K. L. and ISHIKAWA, Y. 2007. "Feminization of international migration flow viewing from immigrants to Japan". In: ISHIKAWA, Y. (Ed.): *Population decline and regional imbalance: geographical perspectives*, 291–319. Kyōto: Kyōto University Press.

OKAWA, K. 1998. "Local government responses to increasing foreign population in Yamagata Prefecture". In: OKAWA, K. (Ed.): *Kokusaika jidai no chihō toshi to gaikokujin* [Local government and foreign residents in the international era], 1–9. MEXT Grants-in-Aid for Scientific Research Report.

PIPER, N. 2003. "Wife or worker? worker or wife?: Marriage and cross-border migration in contemporary Japan". In: *International Journal of Population Geography* 9: 457–469.

SAKANAKA, H. and ASAKAWA, H. 2007. *Imin kokka Nippon* [Immigrant nation Japan]. Tōkyō: Nippon Kajyo Shuppan.

SATO, T. 1989. *Asia kara kita hanayome* [New brides from Asian countries]. Tōkyō: Nippon Hyoronshu.

SHIBATA, G. 1997. "Internationalization of rural society through the cross-border marriage". In: KOMAI, H. and WATADO, I. (Eds.): *Jichitai no gaikokujin seisaku* [Local government policy for foreign residents], 369–389. Tōkyō: Akashi Shoten.

SHUKUYA, K. 1988. *Asia kara kita hanayome* [Brides from Asia]. Tōkyō: Akashi Shoten.

TAKAHATA, S. 2001. "Local government policies for foreign residents in Kinki Province". In: *The annals of Japan Association for Urban Sociology* 19: 159–174.

TAKEDA, S. 2011. *Mura no kokusai kekkon saikō* [International marriage in rural areas reconsidered]. Tōkyō: Mekon.

WATADO, I. 1996. "Settling down of foreign population and the role of local government and NGO". In: WATADO, I. (Ed.): *Jichitai seisaku no tenkai to NGO* [The evolution of local government policies and NGOs], 17–34. Tōkyō: Akashi Shoten.

WATADO, I. 2007. "Challenges of multi-cultural society and local government policy". In: *Kokusai Bunka Kenshū* 55: 6–11.

YAMAWAKI, K. 2011. "Historical development of foreign residents policies in Japan". In: KONDO, A. (Ed.): *Tabunka kyōsei seisaku e no approach* [Approach to multiculturalism policies]. Tōkyō: Akashi Shoten.

YOKOYAMA, S. 1998. "International marriage and the changing local government policy". In: OKAWA, K. (Ed.): *Kokusaika jidai no chihō toshi to gaikokujin* [Local cities and the foreign population in the international era], 116–126. MEXT Grants-in-Aid for Scientific Research Report.

Mediale Konstruktion und soziale Wirklichkeit: Anime-Tourismus am Beispiel der Gemeinde Iwami

Jessica Dreistadt

1. Einleitendes

Verschiedene Formen des Tourismus werden in den letzten Jahren zunehmend einer wissenschaftlichen Betrachtung unterzogen. In Japan zählt der sogenannte *contents tourism*, bei dem Orte aufgrund ihrer Darstellung in einem (Massen-)Medium aufgesucht werden, zu den wichtigsten Vertretern dieser „neuen" Tourismusarten. Dieser wird auch von politischer Seite instrumentalisiert, da sich einige der so bekannt gewordenen Orte in eher strukturschwachen ländlichen Gebieten befinden. Zu ihm gehört das *anime seichijunrei*, das „Pilgern" zu Orten, die als Schauplätze oder Kulissen animierter Fernsehserien und -filme verwendet wurden. Die Reproduktion und Repräsentation eines Ortes in den Medien erschaffen ein Bild, das Touristen im Kopf haben, wenn sie ihn schließlich aufsuchen. Dabei interagieren sie mit den Einheimischen und kommunizieren ihre Erwartungen, welchen diese zu entsprechen versuchen. Die mediale Präsentation eines Ortes kann zudem dafür sorgen, dass dieser verfremdet dargestellt oder als ein anderer Ort ausgegeben wird. Aber wie verändert sich in einem solchen Fall seine Selbstdarstellung? Wie inszeniert er sich und wie kann er sich inszenieren, wenn er an einem fiktiven Werk gemessen wird?

Im vorliegenden Beitrag möchte ich diesen Themenkomplex am Beispiel der westjapanischen Gemeinde Iwami untersuchen, die als Vorbild für die fiktive Stadt Iwatobi, den Schauplatz der 2013 und 2014 ausgestrahlten Animeserie „Free!", diente. Die Ausstrahlung des Anime veränderte die Zusammensetzung der Touristen in Iwami: Statt älteren Ehepaaren kommen nun verstärkt junge Frauen. Die Gemeinde, die bislang eine von vielen am Japanischen Meer war, hat ein Alleinstellungsmerkmal gegenüber dem Umland gewonnen, welches sie zur Präsentation und Inszenierung nutzen kann.

Bevor ich mich dem Fall Iwami zuwende, wird zunächst ein Überblick über die wissenschaftliche Auseinandersetzung mit dem Thema *anime seichijunrei* im Speziellen bzw. *contents tourism* und Filmtourismus im Allgemeinen gegeben. Es folgt eine Beschreibung der bisherigen Selbstinszenierung der Gemeinde Iwami mit ihrer Bevölkerungsstruktur und aktuellen Problemen. Anschließend gehe ich auf die Animeserie „Free!" und den daraus resultierenden Tourismus ein. Kapitel 5 beschäftigt sich schließlich mit der Neuinszenierung Iwamis über Angebote, die sich direkt oder indirekt an Fans der Serie richten und über die sich Iwami der fiktiven Stadt Iwatobi angleicht. Die Informationen zur Gemeinde Iwami sowohl im Allgemeinen als auch im Hinblick auf den Umgang mit Fans von „Free!" speisen sich aus Interviews mit verschiedenen Akteuren sowie meinen Beobachtungen bei der Übernachtung in einem Gasthaus und der Teilnahme an Veranstaltungen für „Free!"-Fans. Zum Abschluss fasse ich meine Ergebnisse zusammen und gebe einen Ausblick auf mögliche weitere Forschung zum Themengebiet – sowohl in Hinblick auf Iwami als auch auf andere Orte bzw. Anwendungsgebiete.

2. Anime-Tourismus als Forschungsgegenstand

2.1 Filmtourismusforschung

Wissenschaftliche Beschäftigung mit Filmtourismus findet seit den 1990ern und verstärkt seit den 2000ern statt (Hudson und Ritchie 2006: 388). Eine erste Definition des Phänomens formulieren Riley und Van Doren, welche diese Form des Tourismus mit dem Ansturm auf sogenannte *hallmark events* gleichsetzen (Riley und Van Doren 1992: 268 ff.). Der von Brent Ritchie geprägte Begiff *hallmark events* bezeichnet Ereignisse, die ein- oder mehrmals für begrenzte Zeit stattfinden und auf einen Ort kurz- oder langfristig aufmerksam machen sollen (Ritchie 1984: 2).[1]

Die australische Forscherin Sue Beeton kritisiert diese Definition. Sie argumentiert, dass Filme[2] meist nicht zum Zweck der Attraktivitätssteigerung eines Ortes

---

[1] Beispiele hierfür sind Großereignisse wie Weltausstellungen, das Oktoberfest oder Olympische Spiele.

[2] In der englischsprachigen Literatur wird zum Teil zwischen film und movie, motion pic-

produziert und auch nicht dort selbst konsumiert werden (Beeton 2005: 10). Zudem differenziert sie verschiedene Formen von Filmtourismus, je nachdem, ob der besuchte Ort gleichzeitig Schauplatz und Drehort ist (On-Location), es sich um eine für Touristen geschaffene Attraktion mit Bezug zum Film handelt (Commercial), Schauplatz und Drehort nicht übereinstimmen (Mistaken Identities)[3] oder ein Film-Themenpark Ziel der Reise ist (Off-Location). Auch Filmfestivals-Premieren an bestimmten Orten (On-Off Events) sowie Reisesendungen (Armchair Travels) zählen zu ihrer Definition. Eine besondere Stellung haben für Beeton außerdem Fernsehserien, da diese über einen längeren Zeitraum ausgestrahlt werden, was die Beziehung des Publikums zu den Inhalten verstärke (Beeton 2005: 11 f.).

Roesch erweitert diese Definition um den Drehorttourismus, bei dem gezielt Kulissen besucht werden (Roesch 2009: 7). Er differenziert außerdem Beetons Konzept der Mistaken Identities weiter aus und unterscheidet zwischen der Darstellung eines echten Ortes als fiktivem Schauplatz (Fantasieland)[4] und der eines real existierenden Ortes als anderer real existierender Ort (getarnter Ort)[5] (Roesch 2009: 75 ff.). Macionis hingegen verallgemeinert Filmtourismus als „a post-modern experience of a place that has been depicted in some form of media representation" und zählt so auch nicht-filmische Medienprodukte zum Themenbereich (2004: 87).

Auch die Frage nach Authentizität spielt eine Rolle in der Forschung, wobei Macionis argumentiert, das Bedürfnis nach dieser nehme ab, je gezielter der Filmtourismus betrieben wird (ebd.: 94). Roesch spricht in einem ähnlichen Zusammenhang von *place marketing* oder *destination marketing*, dem Verkauf von Orten als touristische Attraktionen. Er wirft dabei die Frage auf, ob der Ort als solches überhaupt existiert (Roesch 2009: 21). Die zuvor erwähnten Mistaken Identities

---

ture oder feature film unterschieden. Ersteres bezieht jegliches filmisches Material, also auch Fernsehprogramme, mit ein. Die anderen Begriffe beziehen sich hauptsächlich auf (Kino-)Filme.

[3] Als Beispiel nennt sie die Fernsehserie Braveheart, die in Schottland spielt, aber in Irland gedreht wurde (Beeton 2005: 10).

[4] Z. B. die Darstellung Neuseelands als Mittelerde.

[5] Z. B. Irland für das erwähnte Braveheart.

oder Fantasieländer sind in diesem Kontext eines der hauptsächlichen Probleme. Wo sind Realität und Authentizität und wie können Erwartungen der Besucher erfüllt werden, wenn dargestellter und tatsächlicher Ort ohnehin nicht deckungsgleich sind (Bolan et al. 2011: 103 ff.)? Beeton erwähnt enttäuschte Besucher, die an einem Drehort nicht die „Realität" finden konnten, die sie eigentlich gesucht hatten, weshalb dieser ihnen nicht authentisch erschien (Beeton 2005: 105 f.). Busby und Klug merken an, dass sowohl die Konstruktion als auch die Werbung eines Ortes medial beeinflusst sein kann (Busby und Klug 2001: 322). Urry und Larsen erkennen dies zum Beispiel in der Präsentation der britischen Region Goathland über die Fernsehserie *Heartbeat* oder der Bezeichnung Neuseelands als „Heimat von Mittelerde" durch dessen Tourismusorganisation (Urry und Larsen 2011: 117 f.).

Die Effekte des Filmtourismus beobachtet Beeton in einer australischen Küstenstadt, wobei sie drei Arten unterscheidet: Revitalisierung lokaler Kunst und Kultur, aber auch der Anstieg von Straftaten wie Diebstahl sind für sie kulturelle Effekte. Die Kommunikation oder auch gezieltes Vermeiden des Aufeinandertreffens von Touristen und Einheimischen bezeichnet sie als Tourist-Gastgeber-Interaktion. Der dritte Komplex, die Tourismusentwicklung, beinhaltet unter anderem Effekte wie den Wandel des Gemeinschaftscharakters im Zielort, eine Teilung des Ortes in diejenigen mit und diejenigen ohne touristischen Kontakt, oder eine Veränderung der Infrastruktur (Beeton 2004: 5). Wie langlebig all diese Effekte sind, hängt sowohl vom Marketing des Ortes als auch von der Erfolgsdauer des Films an sich ab (Roesch 2009: 54 f.).

2.2 Contents tourism und anime *seichijunrei* in Japan

> Like the pilgrim, the tourist moves from a familiar place to a far place and then returns to the familiar place. At the far place both the pilgrim and the tourist "worship" shrines which are sacred, albeit in different ways, and as a result gain some kind of uplifting experience. (Urry und Larsen 2011: 12)

Wie Urry und Larsen bemerken, sind Touristen in ihrer Tätigkeit durchaus mit Pilgern vergleichbar. Vor diesem Hintergrund ist es wohl nicht ungewöhnlich, dass man in Japan vom *anime seichijunrei* („Anime-Pilgern") spricht, wenn Touristen Orte aufsuchen, die sie aus Anime kennen – oder, dass die Japanische Nationale Touristenorganisation (JNTO) eine Karte „heiliger Stätten" in Japan veröffentlicht hat, auf der lediglich zwei Schreine, aber neun Schauplätze von Anime, Fernsehdramen und Filmen zu finden sind (JNTO 2016a).

Anime seichijunrei ist eine der Tourismusformen, die die japanischsprachige Forschung unter dem Begriff *contents tourism* (*kontentsu tsūrizumu*)[6] zusammenfasst. Dieser wird allgemein als von Werken mit narrativem oder thematischem Charakter (sog. *content[s]*) hervorgerufener Tourismus definiert (Masubuchi 2010: 11; MLIT 2005: 49). Werke mit *content* können nicht nur Anime oder Filme sein, sondern auch Bücher, Comics, Gedichte oder Lieder (Masubuchi 2010: 7 ff.; ebd. et. al. 2014: VI f.). Man unterscheidet also nicht zwischen verschiedenen Medien als Auslöser des touristischen Ansturms, sondern fasst das Phänomen mit einem Begriff zusammen, ähnlich, wie es auch Macionis tut. Seaton und Yamamura heben hervor, dass diese Definition gerade angesichts der immer wichtiger werdenden Media-Mix-Strategie sinnvoll ist, bei der dieselben Figuren oder dieselbe Geschichte in verschiedener Form veröffentlicht werden, beispielsweise als Roman, Film, Videospiel, Serie, Comic oder Spielzeug. Diese Produkte dienen als Ergänzung, Erweiterung und Werbung füreinander (Seaton und Yamamura 2015: 2; Steinberg 2012: 141 f.).

Eine Besonderheit der japanischen Definition des *contents tourism* ist, dass einer Verbindung zwischen Tourismus und lokaler Revitalisierung besondere Wichtigkeit eingeräumt wird (Masubuchi 2010: 11). Während Revitalisierung in der englischsprachigen Forschung lediglich einen der möglichen Effekte des Filmtourismus darstellt, ist sie für die japanischsprachige geradezu unabdingbar. So bezeichnet ein Bericht zu *contents tourism* aus dem japanischen Verkehrsministerium (MLIT) die touristische Verwertung einer Region mithilfe von *content* als Kern des *contents tourism* (MLIT 2005: 49). Masubuchi spricht auch von der Stärkung der „regionalen Marke" (*chiiki burando*) durch *contents tourism* (Masubuchi 2010: 18 f.). Die japa-

---

[6] Es handelt sich hierbei um eine Wortneuschöpfung, die im Englischen so nicht gebraucht wird. Der besseren Lesbarkeit halber soll jedoch im Folgenden die Schreibweise contents tourism verwendet werden.

nische Forschung zu *contents tourism* beschäftigt sich daher vorwiegend mit langfristigen positiven Auswirkungen auf die lokale Wirtschaft und damit einhergehend der Beziehung zwischen Ortsansässigen und Besuchern (z. B. Yamamura 2015, Okamoto 2010, Masubuchi 2010). Laut Masubuchi sind die meisten Auswirkungen eher kurzfristig, da oft Fan-Veranstaltungen im Vordergrund stehen. Für einen langanhaltenden Erfolg sei es wichtig, die „regionale Marke" so weit auszuarbeiten, dass Besucher den Wunsch verspüren, regionale Produkte zu erwerben, den Ort zu besuchen oder gar dort zu leben (Masubuchi 2009: 38 f.).

Das *anime seichijunrei* als spezielle Spielart des *contents tourism* gewinnt seit den 1990ern und umso mehr seit den 2000ern an Bedeutung. Okamoto eruiert, dass zunächst in den 1990ern Fans von Serien wie *Sailor Moon*[7], *Tenchi Muyō*[8] oder *Kyūkyoku chōjin āru*[9] die Schauplätze dieser Werke besuchten, was damals auch in Fachliteratur und den Massenmedien aufgegriffen wurde. Er nimmt an, dass die Bezeichnung *seichijunrei* mindestens unter Fans seit der Ausstrahlung von *Sailor Moon* oder *Tenchi Muyō* verwendet wird, da hier tatsächlich religiöse Stätten Ziel der Besucher waren (Okamoto 2009a: 39 f.). Seit 2008 wird der Begriff auch in einem breiteren Rahmen gebraucht (ebd. 2015: 21). Die Verbreitung des *anime seichijunrei* geht zum einen mit der zunehmenden Produktion von Anime im sogenannten „Alltagsstil" (*nichijō-kei*) einher (Ōishi 2011; Okamoto 2013: 60 f.) und zum anderen mit der Verbreitung von Breitband-Internetanschlüssen, die den Austausch von Fotos – und damit Informationen zu Anime-Schauplätzen – erleichtern (Ōishi 2011: 45 f.).

---

[7] *Bishōjo senshi sērā mūn* („Schöne Kriegerin Sailor Moon"): 200-teilige Animeserie basierend auf der gleichnamigen Manga-Reihe von TAKEUCHI Naoko, ausgestrahlt von 1992 bis 1997. Weite Teile der Handlung spielen in Azabu Jūban, einem Viertel in Minato-ku, Tokyo.

[8] *Tenchi Muyō* („Tenchi ist unnötig"/„Himmel und Erde sind unnötig"): Reihe bestehend aus mehreren Animeserien, die seit 1992 veröffentlicht wurden und deren Schauplätze auf Orten in der Präfektur Okayama basieren.

[9] *Kyūkyoku chōjin āru* („Ultra-Übermensch R"), 1991 als Kaufvideo veröffentlichter Animefilm, basierend auf der gleichnamigen Manga-Reihe von Yūki Masami. Die Kulisse basiert auf Itabashi-ku in Tokyo.

Wie beim *contents tourism* wird auch beim *anime seichijunrei* in der wissenschaftlichen Betrachtung besonders den Auswirkungen für die Region eine hohe Bedeutung beigemessen. Eines der in diesem Zusammenhang am ausführlichsten untersuchten Beispiele ist der Fall der Ortschaft Washimiya in der Präfektur Saitama. Der dortige Washinomiya-Schrein war einer der Schauplätze der Animeserie *Lucky☆Star*[10] und erlebte dadurch einen starken Anstieg von Besucherzahlen, insbesondere zu Neujahr (Yamamura 2015: 62). Ein Schwerpunkt der Forschung zu Washimiya liegt auf der Beziehung zwischen den Besuchern und den Bewohnern des Ortes (ebd.; Okamoto 2009b: 63 ff.).

3. Die Gemeinde Iwami: Selbstinszenierung und Tourismus

Die Gemeinde Iwami, am östlichen Rand der Präfektur Tottori am Japanischen Meer gelegen, zählte 11.488 Einwohner beim Zensus 2015 (Statistics Japan 2015). Wie viele ländliche Orte in Japan ist auch Iwami von Überalterung und Bevölkerungsschwund betroffen, bspw. lag die Quote der über 65-Jährigen 2015 mit 32,1 % deutlich über dem japanweiten Durchschnitt von 25,6 % (MIC 2015) und die Bevölkerungszahl ging zwischen 2010 und 2015 um 7,1 % zurück (Statistics Japan 2015).

Um seine Bewohner zu halten und für mehr Zuzug zu sorgen, ergreift der Ort verschiedene Maßnahmen zur Attraktivitätssteigerung. So existieren unter anderem verschiedene Zuschüsse und Vergünstigungen für Mehrgenerationenhaushalte und kinderreiche Familien (Interview mit Herrn K.; Iwami-chō 2016) sowie eine Subventionierung von Arbeitsplätzen. Auch Neubau und Renovierung von Häusern im Ort werden unterstützt (Iwami-chō 2016). Zugleich wirbt die Gemeinde andernorts aktiv für den Umzug nach Iwami (Iwami-chō yakuba 2016). Des Weiteren gibt es in Iwami eine sogenannte *chiiki okoshi kyōryokutai* („Gruppe zur Zusammenarbeit bei der regionalen Revitalisierung"). Diese ist Teil eines Projekts des japanischen Innenministeriums, bei dem Personen aus der Stadt für eine ein- bis dreijährige Tätigkeit auf dem Land angeworben werden. Zwei meiner Interviewpartnerinnen,

---

[10] *Lucky☆Star*, 24 Folgen, basierend auf einem gleichnamigen Manga, der seit 2004 erscheint.

Frau T. und Frau K., gehörten von 2013 bis 2016 zur *chiiki okoshi kyōryokutai* in Iwami, wobei sowohl sie als auch ein weiteres ehemaliges Mitglied der Gruppe weiter im Ort ansässig bleiben und eine zweite Projektphase mit neuen Mitgliedern gestartet ist (Iwamichiikiokoshi 2016).

Bereits vor Ausstrahlung der Animeserie „Free!" spielte Tourismus in Iwami eine wichtige Rolle. Im Ortsteil Iwai befindet sich ein Onsen (Thermalquelle), welches besonders bei älteren Gästen beliebt war. Zudem sind die Felsen entlang der Küste Teil des von der UNESCO anerkannten San'in Kaigan-Geoparks (San'in Kaigan Geopark 2016). Mehrere meiner Interviewpartner wiesen mich auf die besondere Attraktivität des Meeres in Iwami hin. Dazu gehören auch Fisch und Meeresfrüchte als lokale Spezialität. Das Meer und die damit verbundenen Lebensmittel finden sich daher verstärkt in der Werbung für Iwami als Reiseziel wieder (Iwami-chō Kankō Kyōkai 2016a, 2016b).

Zwischen 2007 und 2012 ging allerdings sowohl die Zahl der Touristen als auch die der örtlichen Unterkünfte zurück (Abb. 1, Abb. 2). Drei meiner Interviewpartner sahen den Grund für diesen Rückgang unter anderem in schlechtem oder fehlendem Marketing des Ortes bzw. der Präfektur. Wohl auch aufgrund dieser Problematik hat Iwami über die *chiiki okoshi kyōryokutai* Positionen im touristischen Bereich geschaffen: So war Frau T. zum Zeitpunkt des Interviews bei der örtlichen Touristeninformation beschäftigt und Frau K. betreibt eine Herberge. Seit 2015 besteht in Iwami zudem die Autoraststätte (*michi no eki*) Kinanse Iwami („Komm nach Iwami") an der durch die Gemeinde führenden Landesstraße. Solche innerörtlichen Raststätten werden gezielt dazu eingesetzt, die jeweiligen Orte zu bewerben und Austausch zwischen Gästen und der Region zu fördern (All Nippon Michi-no-Eki Network 2014).

4. Anime *seichijunrei* in Iwami

4.1 Über „Free!"

Nachdem bereits ein kontextloser Werbefilm auf großes positives Feedback in Internet-Communities gestoßen war (Anime News Network 2013a, Tashiro 2013, Naver

2013), kündigten die Animationsstudios Kyoto Animation und Animation Do im April 2013 die Ausstrahlung ihrer neuen Animeserie „Free!" an (Anime News Network 2013b), welche schließlich von Juli bis September 2013 erfolgte. Im Sommer 2014 folgte eine dreizehnteilige zweite Staffel und im Dezember 2015 ein Kinofilm. Regie führte jeweils Utsumi Hiroko. Fernsehserien und Film wurden auch auf DVD und BluRay veröffentlicht. Neben der Animeserie existieren auch noch ein Roman, der die Vorgeschichte der Charaktere erzählt (Anime News Network 2011), sowie eine Mangaversion dieser Vorgeschichte. Somit stellt auch „Free!" einen Media-Mix dar, bei dem dieselben Charaktere in verschiedenen Medienprodukten auftreten. Die Protagonisten der Serie sind fünf Oberschüler, von denen vier bereits zu Grundschulzeiten gemeinsam in einem Schwimmclub waren. Nach längerer Zeit ohne Kontakt treffen Nanase Haruka und Tachibana Makoto wieder auf den ein Jahr jüngeren Hazuki Nagisa, der sie dazu überredet, gemeinsam ein Schwimmteam an ihrer Schule zu gründen. Später stößt noch Nagisas Klassenkamerad Ryūgazaki Rei hinzu. Gemeinsam versuchen die Jungen, sich in Wettkämpfen mit dem Team der auf Schwimmen spezialisierten Samezuka-Schule zu messen, die inzwischen von Matsuoka Rin besucht wird, der früher mit Haruka, Makoto und Nagisa im Schwimmclub war. Besonders für Haruka und Rin steht hierbei die offene Frage im Raum, wer von ihnen der bessere Schwimmer ist. Insgesamt liegt der Fokus der Handlung weniger auf Turnieren als vielmehr auf den Beziehungen und Konflikten zwischen den Charakteren sowie ihrer persönlichen Entwicklung. Daneben bildet das Charakterdesign, das sich insbesondere durch die muskulösen Körper der Protagonisten auszeichnet, ein wichtiges Element (Haruna et al. 2014: 74, 78). Dies ist auch darauf zurückzuführen, dass sich „Free!" vorwiegend an ein weibliches Publikum richtet (ebd.: 84).

4.2 Iwami als Ziel von Anime-Tourismus

4.2.1 Verwendung als Kulisse

Wie kam es nun dazu, dass speziell Iwami zur Hintergrundkulisse für „Free!" wurde? Eine genaue Rekonstruktion der Gründe ist zwar nicht möglich; in einem Interview für ein an Fans gerichtetes Buch gaben Mitglieder des Produktionsteams aber an, nach Orten mit schönem Meerblick gesucht zu haben, woraufhin ihnen das Japanische Meer empfohlen worden sei (Haruna et al. 2014: 89).

Den Ablauf des sogenannten *location huntings*, also des Suchens nach der richtigen Kulisse, schilderte mir Herr S. im Interview. Zunächst sei am 31. Oktober 2012 ein Vertreter des Studios Animation Do an ihn herangetreten und habe um die Vorstellung verschiedener Orte zwecks Verwirklichung eines Anime-Projekts gebeten. Zu dieser Führung sei dann eine Gruppe von etwa fünfzehn Mitgliedern des Studios erschienen, denen Herr S. am 17. und 18. November 2012 verschiedene Plätze in Iwami und Umgebung zeigte. Er kontaktierte zudem Gemeindeverwaltung und öffentliche Schulen, arrangierte Leihfahrräder sowie eine Schiffsrundfahrt um den Ajiro-Hafen und kümmerte sich um die nötigen Genehmigungen für Aufnahmen an Orten wie den Bahnhöfen und den Tottori-Sanddünen. Er gibt an, außerdem verschiedene Orte von sich aus vorgestellt zu haben, um ihre Verwendung als Kulisse zu ermöglichen. Die Mitarbeiter des Studios seien dann später noch alleine in Iwami unterwegs gewesen (Haruna et al. 2014: 89).

Auch wenn Iwami die hauptsächliche Kulisse für „Free!" darstellt, so ist es nicht der offizielle Schauplatz. Der Heimatort der Hauptfiguren des Animes trägt den Namen Iwatobi. Frau T. erwähnte im Interview, dass das produzierende Studio auf diese Unterscheidung auch großen Wert lege. Sie spricht in diesem Zusammenhang auch von „nicht offiziell anerkannt" („*kōshiki ni mitometeinai*"). Mit dieser Begründung wurden zum Zeitpunkt der Interviews auch „offizielle" Events, beispielsweise unter Beteiligung von Mitgliedern der Produktionsfirma oder Synchronsprechern, von Seiten des Studios abgelehnt.[11] Bedenkt man die unter 2.1 erwähnten verschiedenen Spielarten des Filmtourismus, so entspricht der Handlungsort von „Free!" wohl dem Fantasieland nach Roesch oder der Mistaken Identity nach Beeton, da es

---

[11] In den letzten Monaten scheint sich an diesem Standpunkt etwas geändert zu haben. So gab es zum Beispiel eine offizielle Kollaboration zwischen der Gemeinde Iwami und dem Studio Kyoto Animation anlässlich des Filmstarts von „High Speed!: Free! Starting Days" (Iwami Kankō 2016).

sich bei Iwatobi um eine in der Realität nicht existierende Stadt handelt, welche aber in Iwami wiedergefunden werden kann.

Ein solches Wiederfinden des fiktiven Ortes in der Realität lässt sich gut in Blog-Einträgen beobachten, die Vergleichsaufnahmen zwischen Serie und Realität beinhalten. Diese verdeutlichen, dass viele Kulissen vollkommen realitätsgetreu übernommen wurden. An anderen Stellen wurden aber Änderungen vorgenommen und zum Beispiel Gebäude eingefügt, wo eigentlich keine vorhanden sind (Sō da, seichi ni ikō 2013a; Tsurebashi 2013b), oder verschiedene Orte zu einem vereint, was in der Realität nicht möglich wäre (Sō da, seichi ni ikō 2013b).

4.2.2 Touristischer Zulauf

Bereits unmittelbar im Anschluss an die Ausstrahlung der ersten Folge von „Free!" wurde in Internet-Communities darüber diskutiert, ob Iwami Schauplatz der Serie sein könnte und es tauchte ein erster Blogeintrag mit Vergleichsbildern zu Szenen auf (Etesuke sōgō untenjo 2013). Daher gab es auch bald Anfragen an die Gemeinde, ob es sich bei Iwami um den Schauplatz der Serie handele. Die Gemeindeverwaltung fragte dann wiederum selbst bei Kyoto Animation nach und erhielt die Antwort, dass die Handlung in der fiktiven Stadt Iwatobi spielt, Iwami jedoch als Inspiration gedient habe. Es lässt sich vermuten, dass den Verantwortlichen bei der Gemeinde die genaue Art der Verwendung der 2012 in Iwami durch Animation Do bzw. Kyoto Animation gemachten Aufnahmen wegen der Zuständigkeit der Filmkommission nicht bewusst gewesen war.

Ab August 2013 lässt sich schließlich ein Zuwachs an Touristen gegenüber dem Vorjahr feststellen. So besuchten 676 Personen im August 2012 die Touristeninformation von Iwami; im August 2013 waren es 930. Im September 2013 kamen im Vergleich zum Vorjahr sogar mehr als doppelt so viele Personen. Auch danach ist ein merklicher Anstieg sichtbar. Insbesondere im Juli und August 2014, nachdem die Ausstrahlung der zweiten Staffel begonnen hatte, stiegen die Zahlen in die Höhe (Unterlagen der Touristeninformation Iwami). Im Unterschied zu den früher in Iwami häufigen älteren Gästen handelt es sich bei den Fans von „Free!" mehrheitlich um junge Frauen der Altersgruppe 20 bis 39. Damit unterscheidet sich Iwami laut Frau T. von anderen Zielen im Rahmen von *anime seichijunrei*, die überwiegend von Männern besucht werden. Die neue touristische Gruppe brachte geänderte Ansprüche mit sich. So stieg der Verleih von Fahrrädern in Iwami stark an, sodass am Wochenende zum Teil reserviert werden musste, um noch ein Fahrrad bekommen zu können. Die Touristeninformation schaffte daher zusätzliche Fahrräder an. Gründe für diesen Anstieg sieht Frau T. darin, dass die „Free!"-Fans eher mit dem Zug als mit dem Auto kommen und sich außerdem mit dem Fahrrad einfacher anhalten und die Landschaft betrachten ließe.

Auch die Übernachtungsvorlieben der neuen touristischen Schicht unterscheiden sich von der vorherigen. In Iwami gibt es keine Hotels, sondern ausschließlich Pensionen (*minshuku*) oder Gasthäuser (*ryokan*), die häufig von älteren Ehepaaren betrieben werden und standardmäßig Übernachtungen mit Vollpension anbieten. Die Privatsphäre fällt in diesen Herbergen eher gering aus; zudem lassen sich meist keine Online-Reservierungen vornehmen. Frau T. betrachtet dies als Grund dafür, dass sich die Zahl der Übernachtungen in Iwami bis heute kaum verändert hat. Viele der „Free!"-Fans übernachten ihr zufolge in Hotels im benachbarten Tottori. Schlafen sie jedoch in Iwami, wählen sie häufig reine Übernachtungen ohne Verpflegung, was bei den Besitzern Enttäuschung hervorrufe, da diese gerne örtliche Spezialitäten servieren möchten. Das von Frau K. betriebene Gasthaus stellt in diesem Zusammenhang eine Art Gegenentwurf dar. So beschreibt sie, dass sie im Vergleich zu anderen Pensionen eine weniger strikte Zeitplanung habe und ihren Gästen mehr Privatsphäre biete. Dies wurde vermutlich bewusst gewählt, um eine touristische Schicht anzusprechen, die sonst eher selten in Iwami übernachtet.

Ein weiterer Unterschied zu bisherigen Besuchern Iwamis liegt darin, dass viele der „Free!"-Fans auch Cosplayer sind, das heißt, sie verkleiden sich als Serienfiguren und machen häufig auch Fotos von sich in Verkleidung. Die Gemeindeverwaltung gibt sich im Umgang mit diesem Phänomen offen und erlaubt beispielsweise die Verwendung des Konferenzraums der Touristeninformation als Umkleide, wenn dieser nicht anderweitig besetzt ist. Frau T. betrachtet dies als wichtigen Unterschied zu Großstädten, wo Cosplay eher tabuisiert sei[12] und berichtet, dass sich auch die Bewohner Iwamis an die auffällig kostümierten Besucherinnen gewöhnt haben. Damit der Umgang weiterhin reibungslos verläuft, hat die Gemeinde öffentlich einsehbare Regeln für Cosplayer aufgestellt.

5. Die Neuinszenierung Iwamis durch „Free!"-Tourismus

5.1 Veranstaltungen und Angebote mit Bezug zu „Free!"

Bereits kurz nach Beginn der Ausstrahlung von „Free!" wurden in der Gemeinde Stimmen laut, dass man Events für die Fans veranstalten sollte. Zunächst geschah das im Rahmen eines ohnehin regelmäßig stattfindenden Festes mit Feuerwerk, bei dem Ende Juli 2013 dann sowohl Merchandising-Artikel zur Animeserie verkauft als auch lokale Produkte kostenfrei an „Free!"-Fans verteilt wurden.

Als erste hauptsächlich für Fans gedachte und für diese neu konstruierte Veranstaltung folgte am 17.11.2013 das *ika matsuri* („Kalmar-Fest"), wobei das Datum dem Geburtstag der Serienfigur Makoto entspricht. Hierbei wurden 100 *ika-dango* (Kalmarklößchen) an Besucher verteilt, sodass Fans die Möglichkeit hatten, kostenfrei lokale Spezialitäten zu probieren. Außerdem konnte man bei einer Art Schnitzeljagd an einer Verlosung von „Free!"-Merchandising teilnehmen (Iwami-chō Kankō Kyōkai 2013a). Das *ika matsuri* wurde 2014 und 2015 wiederholt, allerdings bereits im September, was zeitlich nah am Geburtstag des Charakters Sōsuke liegt (Iwami-chō Kankō Kyōkai 2014, 2015b). Vorbild für das Fest ist ein Sommerfest aus der Animeserie, das zwar nicht *ika matsuri* heißt, sich jedoch durch eine Vielzahl von *ika*-Gerichten, Kalmar-Stofftiere und sogar Kalmar-förmige Beleuchtung auszeichnet (Free! Folge 9: 7:55–15:10). Insofern ist es nicht verwunderlich, dass Fans mit diesem Fest zuerst *ika* in Verbindung bringen. Bei der Gestaltung des Sommerfests in „Free!" haben sich die Produzenten wiederum an den örtlichen Spezialitä-

---

[12] Eine solche Tabuisierung lässt sich zum Beispiel bei der Comic Market, der größten japanischen Messe für Fancomics, in Tokyo beobachten. Dort ist Cosplay zwar auf dem Veranstaltungsgelände erlaubt, Besucher müssen aber zunächst in „gewöhnlicher" Kleidung erscheinen, sich gegen eine Gebühr als Cosplayer registrieren und anschließend in einem Umkleideraum umziehen (Comic Market 2015).

ten in Iwami orientiert, die sie beim *location hunting* beobachten konnten (Haruna et al. 2014: 89). Basierend auf dem in der Serie für den Ort verwendeten Namen Iwatobi wurde am 29. Juni 2014 außerdem ein *Iwatobi matsuri* abgehalten. Auch dieses Fest ließ man über ein reines „Free!"-Event hinausgehen, indem man den Namen „Iwatobi" als Kofferwort aus *iwagaki* (Felsenaustern) und *tobiuo* (Fliegende Fische) neu interpretierte[13] und die Veranstaltung als „Gourmet-Rally" konstruierte. Gleichzeitig wurde der Geburtstag des Charakters Haruka aus „Free!" gefeiert, der am 30. Juni sein soll. 2015 fand ein weiteres *Iwatobi matsuri* statt (Iwami-chō Kankō Kyōkai 2015a).

An den oben beschriebenen Veranstaltungen lässt sich erkennen, dass versucht wird, Fans über die lokale Küche an den Ort zu binden, damit sie auch unabhängig von der Animeserie Gefallen daran finden und Iwami weiterhin besuchen. Der Grund dafür dürfte auch darin liegen, dass gutes Essen in Befragungen von den Anime-Touristinnen neben den freundlichen Einheimischen und der schönen Meeresküste einer der am häufigsten genannten positiven Eindrücke von Iwami ist. Die Bindung an den Ort scheint zu gelingen: Frau T. berichtete, dass es viele Besucherinnen gebe, die öfter nach Iwami kommen, zum Teil sogar jeden Monat. Gleichzeitig ist es über allgemein gehaltene Events wie das *ika matsuri* oder das *Iwatobi matsuri* möglich, neben den „Free!"-Fans zusätzlich sowohl Einheimische als auch andere Besucher anzusprechen. Die Feste sollen vermutlich auch über den Erfolg der Animeserie hinaus dauerhaft etabliert werden. Andererseits wird über die Wahl des Datums, welches meist nahe am Geburtstag einer der Serienfiguren liegt, wiederum eine Verbindung zu „Free!" geschaffen und den Fans ein Grund gegeben, weshalb sie genau an diesem Tag nach Iwami reisen sollen.

Neben den größeren und explizit auch für die Allgemeinheit gedachten gibt es noch verschiedene kleine Veranstaltungen, die ausschließlich Fans von „Free!" an-

---

[13] Hierbei ändert sich auch die Schreibweise. Während die Stadt Iwatobi in „Free!" mit den Schriftzeichen für „Fels" und „Schwarzmilan" (eine Vogelart) als 岩鳶 geschrieben wird, schreibt sich das Iwatobi in „Iwatobi matsuri" in der Silbenschrift Katakana, die häufig für Pflanzen- oder Tiernamen verwendet wird, als イワトビ.

sprechen. So werden die Geburtstage der Hauptfiguren jeweils in der Touristeninformation gefeiert. Dort wird dann eine Wand aufgestellt, an der Fans Nachrichten oder Illustrationen hinterlassen können (Abb. 3). Zusätzlich gibt es manchmal von örtlichen Einzelhändlern besondere Angebote wie speziellen Kuchen oder Gebäck (Iwami-chō Kankō Kyōkai 2015d, 2016c, 2016d). Hinzu kommen andere Angebote für „Free!"-Fans. Zum Beispiel werden bei der Touristeninformation und einigen anderen Läden exklusive Merchandise-Artikel verkauft, welche nur in Iwami erworben werden können (ebd. 2013b), so wie Postkarten mit Ansichten aus „Free!", die man genauso in Iwami wiederfinden kann. Möchten Fans diese erwerben, sind sie also dazu gezwungen, nach Iwami zu fahren. Darüber hinaus bieten verschiedene Pensionen in Iwami einen „Free!-Plan" an und verteilen in diesem Rahmen Merchandising an Besucher, die wegen der Animeserie kommen. Von Zeit zu Zeit erhalten Fans auch Rabatte auf Übernachtungen. Solche Aktionen werden von der Touristeninformation organisiert.

Ein Angebot, das in abgewandelter Form auch für andere Besucher vorbereitet wird, sind Touren mit einem Bus durch Iwami. Für Fans von „Free!" wird seit Mai 2015 eine „Willkommen in der Welt des Anime" (*anime no sekai e yōkoso*)-Tour angeboten, bei der die Schauplätze der Serie angefahren und von einer freiwilligen Helferin vorgestellt werden. Gleichzeitig werden die Gäste über Tottori und Iwami informiert: Beispielsweise werden Sehenswürdigkeiten im Vorbeifahren erklärt, auch ein Besuch bei den bekannten Sanddünen von Tottori steht mit auf dem Programm. Zur Bustour gehört zudem eine Rundfahrt mit dem Schiff um die Küste, in deren Rahmen genauer über die Felslandschaft im Meer informiert wird. Auch ein Gutschein für Eiscreme aus Tintenfisch-Tinte ist im Preis für die Tour mit inbegriffen. Hier wird also ebenfalls versucht, Iwami über „Free!" hinausgehend vorzustellen, um zu erneuten Besuchen zu animieren.

5.2 Austausch in Iwami

Kommunikation unter Fans von „Free!" sowie zwischen den Fans und den Einheimischen findet nicht nur im Rahmen von Veranstaltungen statt. An verschiedenen

Stellen in Iwami wird bewusst der Austausch zwischen Fans gefördert. Gleichzeitig stellt der ganze Ort eine Art Austauschplattform für Besucher und Einwohner dar. Dies fällt bereits in der Touristeninformation auf, wo sogenannte „Austausch-Notizbücher" (*kōryū nōto*) ausliegen, in denen Besucher ihre Eindrücke hinterlassen und sich mit anderen austauschen können, indem sie beispielsweise auf ihre Twitter-Accounts oder Blogs hinweisen. Neben der Touristeninformation befinden sich solche Notizbücher auch am Bahnhof, an einer Bushaltestelle und im Gasthaus „Beach Inn Takesō". Auch über *ema*, Holztäfelchen, die man mit seinen Wünschen beschriftet und die sich üblicherweise in Schreinen finden, lässt sich Kommunikation betreiben. In der Touristeninformation können sie zwischen lebensgroßen Pappaufstellern von Charakteren aus „Free!" platziert werden. Anlässlich der Geburtstage der Charaktere werden außerdem Wände aufgestellt, an denen die Fans Nachrichten und Bilder hinterlassen und sich so ebenfalls austauschen können (Abb. 3). In einigen Gasthäusern gibt es zusätzlich sogenannte *kōryū supēsu* („Austauschräume"), um die Gäste miteinander bekannt zu machen.

Doch nicht nur der Austausch und die Kommunikation unter den Fans selbst spielen in Iwami eine Rolle. Auch die Interaktion zwischen den neuen Besuchern und den Einwohnern ist ausgeprägt. Generell gibt man sich in Iwami den Anime-Touristen gegenüber offen. So beschreibt Frau T., dass am Cosplay als Anime-Fans erkennbare Besucher gerne angesprochen werden und die Bewohner sich insgesamt über diese freuen. Es gebe lediglich ein paar Leute „mit schlechten Manieren" sowie Besucherinnen, die beim Radfahren wenig Rücksicht nehmen. Diese werden jedoch eher als Ausnahme herausgestellt. Frau T. vermutet zudem, dass die Besucherinnen vor allem ihres Geschlechts wegen so gut ankommen, denn männliche Anime-Fans wirkten anders.

Besondere Beziehungen scheinen sich auch zwischen Anime-Touristen und den Besitzern von Gasthäusern etabliert zu haben. Frau T. erwähnt hierzu eine Besucherin, die monatlich aus Osaka kommt und jedes Mal in derselben Unterkunft übernachtet. Insbesondere die beiden Gasthäuser „Beach Inn Takesō" und „Seaside Uradome" werden in den Gesprächen mit besonderem Bezug zu Fans erwähnt. Bei einem eigenen Besuch im „Beach Inn Takesō" im März 2015 fielen mir dort allerlei

Dekoration und sonstige Gegenstände mit Bezug zur Serie „Free!" auf. Der Besitzer gab an, diese von Fans erhalten zu haben. An dieser Stelle sollte auch erwähnt werden, dass es laut Frau T. öffentliche Durchsagen gab, in denen dazu aufgerufen wurde, die Anime-Touristinnen zuvorkommend zu behandeln. Von kommunalpolitischer Seite ist also die Vermittlung eines positiven Bildes gewünscht. Gleichzeitig lässt sich vermuten, dass es zunächst Zweifel gab, ob die neuen Touristen gut aufgenommen werden oder nicht. Frau S. gibt im Gespräch an, man sei bis zum ersten Event unsicher gewesen, ob das *seichijunrei* erfolgreich sein würde. Alles in allem wird auf die Meinung der Anime-Touristen in Iwami großen Wert gelegt. Es gibt regelmäßig Fragebögen bei Events und die *kōryū nōto* werden von Zeit zu Zeit überprüft. Bei der Touristeninformation haben außerdem alle Mitarbeiter die Animeserie gesehen, wodurch sichergestellt wird, dass sie Fragen zu Schauplätzen beantworten können.

5.3 Iwami oder Iwatobi? Verschwimmendes zwischen Fiktion und Realität

Als Kulisse einer Animeserie, die aber nicht deckungsgleich mit der Darstellung des Handlungsortes dieser Serie ist, stellt Iwami einen Fall des sogenannten Fantasielandes nach Roesch dar. Fans von „Free!" können nach Iwami fahren, um dort ein Stück der fiktiven Stadt Iwatobi wiederzufinden. Gleichzeitig übernimmt Iwami selbst einige Dinge aus dem fiktiven Iwatobi, wodurch sich die Grenzen zwischen der real existierenden Gemeinde Iwami und dem fiktiven Iwatobi nach und nach verschieben.

Eine der wohl wichtigsten Möglichkeiten für Fans, Iwatobi in Iwami wiederzufinden, ist die Free! *Iwami-chō kankō mappu* („Free! Iwami-chō Besichtigungskarte"), welche bei der Touristeninformation kostenfrei ausliegt. Dabei handelt es sich um eine Karte des Ortes, in welcher verschiedene Stellen verzeichnet sind, die in „Free!" vorkommen und wiederum mit Ausschnitten aus der Animeserie illustriert sind. So sollen die Fans ermuntert werden, die Vorbilder selbst zu suchen. Laut Frau T. wird die Karte recht häufig in Anspruch genommen und man sieht viele Besucherinnen damit herumlaufen. Der Bezug zur Serie findet sich allerdings nicht nur in dieser für Fans gedachten Karte, sondern auch in einer „normalen" Iwami-Karte. Auf dieser sind Figuren zu erkennen, die den Hauptcharakteren aus der Animeserie ähneln. Des Weiteren befindet sich im Hafengebiet Ajiro an einer Hauswand ein Bild mit den Charakteren aus „Free!" und der Aufschrift „Die Stadt, in der man Iwatobi erfahren kann – Willkommen in Iwami-chō!" (*Iwatobi-chō o taiken dekiru machi – Iwami-chō e yōkoso!*). Somit gibt es einen öffentlich gut sichtbaren Hinweis darauf, dass sich in der Umgebung Plätze finden lassen, die in der Animeserie verwendet wurden (Abb. 3).

Zudem wurde das Maskottchen Iwatobi-chan aus „Free!" übernommen. Dabei handelt es sich um eine Art Vogel, dessen Kopf aber die Gestalt eines Steins hat und der das Maskottchen der Stadt Iwatobi innerhalb der Serie sein soll (Haruna et al. 2014: 37). Iwatobi-chan lässt sich in Iwami inzwischen als Mitbringsel kaufen und findet sich auf der touristischen Karte des Ortes. Im Oktober 2013 wurde zudem von Mitgliedern der *chiiki okoshi kyōryokutai* eine Vogelscheuche in Gestalt von Iwatobi-chan gebaut und anschließend in einem Feld aufgestellt (Iwami chiiki okoshi kyōryokutai 2013). Zwar verfügt die Gemeinde Iwami eigentlich über andere Maskottchen, die in offiziellen Materialien verwendet werden (Iwami-chō yakuba 2013), Iwatobi-chan ist aber als zusätzliches hinzugekommen. Durch die Verwendung dieser Figur aus der Animeserie nähert sich Iwami dem fiktiven Iwatobi ein Stück weit an.

Eine weitere solche Adaption lässt sich in einem Event wiederfinden, das im April 2015 veranstaltet wurde. Dabei wurde eine Szene aus der zweiten Staffel von „Free!" nachgestellt, in welcher die Charaktere das Schwimmbecken der Oberschule mit Kirschblüten füllen (Free! Eternal Summer Folge 1: 18:20–19:20). Das mit Kirschblüten bedeckte Becken der Oberschule Iwami konnte dann fotografiert werden. Es wurde hier also ganz bewusst ein Stück Iwatobi in Iwami reproduziert, wobei die Ankündigung der Veranstaltung darauf hinweist, dass das Schwimmbecken der Oberschule Iwami – im Gegensatz zu dem in der Animeserie vorkommenden – keinen blauen Boden hat und das Wasser getrübt sein kann. Damit nimmt man gleich vorweg, dass eine identische Reproduktion der Szene aus „Free!" nicht möglich ist (Iwami-chō Kankō Kyōkai 2015c).

Das Nachstellen von Szenen aus Animeserien mit Fotos nimmt ohnehin einen großen Stellenwert beim *seichijunrei* ein. In Blog-Einträgen finden sich immer wieder Vergleiche, die Szenen aus Anime nahezu 1 : 1 den realen Eindrücken gegenüberstellen. Auch bei der Bustour durch Iwami, an der ich selbst im Juni 2016 teilnahm, wurde beispielsweise erklärt, aus welchem Winkel ein bestimmter Kanaldeckel in Iwami fotografiert werden muss, damit das entstandene Foto der Szene aus „Free!" gleicht, in welcher dieser Kanaldeckel vorkommt. Ebenso wird ein Stück Iwatobi nach Iwami gebracht, indem Fans zur Bustour Merchandise-Artikel von „Free!" mitnehmen und diese dann in der Umgebung Iwamis fotografieren. So hatten bei der von mir besuchten Tour einige der Teilnehmerinnen Püppchen verschiedener Charaktere dabei, die sie auf eine Schaukel setzten und fotografierten. Eine zusätzliche Verbindung zwischen „Free!" und Iwami als Ort wurde von Frau S. im Interview angesprochen. Sie erzählte mir von dem Synchronsprecher Yonaga Tsubasa, der in „Free!" die Rolle des Nagisa spricht und kurz zuvor geheiratet sowie offenbar Iwami besucht hatte, da das Elternhaus seiner Frau – die aus Tottori stammen soll – sich dort befinden könnte. Hier wird von Frau S. eine besondere Verbindung zwischen einem direkt an „Free!" Beteiligten und Iwami hergestellt.

Anhand der obigen Beispiele lässt sich beobachten, dass verschiedene Narrative existieren, die als Bindeglied zwischen der sozialen Wirklichkeit in Iwami und der fiktiven Wirklichkeit der Stadt Iwatobi dienen. Durch einige Maßnahmen der Legitimation wird plausibel dargestellt, dass es sich bei Iwami „eigentlich" um das wahre Iwatobi handeln muss. Das auf diese Weise neu entstandene Bild der Gemeinde wird von ihr wiederum instrumentalisiert und für touristische Zwecke verwendet.

6. Abschließende Bemerkungen

Medien können das Bild beeinflussen, das wir von einem Ort haben, und gleichzeitig dessen eigene Darstellung verändern, die sich an die Erwartungen der Besucher anpasst. Das lässt sich auch in Iwami beobachten. Seien es die verschiedenen Events für Fans von „Free!" oder der Erwerb zusätzlicher Fahrräder für den Verleih – die Gemeinde orientiert sich an Wünschen und Erwartungen ihrer Besucher und

nimmt sich dabei das fiktionale Iwatobi zum Vorbild. Dies soll wohl die Enttäuschung abhalten, die Besucher – wie von Beeton erwähnt – unter Umständen erlei-
den können, wenn sie nicht die „Realität" finden, die sie nach einem Blick auf die
Leinwand oder den Fernseher eigentlich erwartet hatten. Das Reiseziel passt sich
daher an die von den Besuchern gewünschte „Realität" an.

Iwami ist natürlich kein Einzelfall, wenn es um die Verschiebung hin zu fiktio-
nalen Wirklichkeiten als Grundlage für die regionale Selbstdarstellung geht. Auch
für die Fälle der in Kapitel 2 erwähnten Orte in Neuseeland (Herr der Ringe) oder
Washimiya (*Lucky ☆ Star*) beschreiben verschiedene Autoren ähnliche Phänomene.
Dies macht auch deutlich, dass gerade in den letzten Jahren zunehmend eine von
den Medien verursachte Bedeutungsverschiebung bei der Selbstpräsentation ländlicher Räume stattfindet. Im Fall Iwami geschieht dies einerseits durch die im Kontext
von „Free!" erfolgende Annäherung an Iwatobi, andererseits aber auch durch die
generelle Präsentation der Gemeinde. Sie gilt als Ort auf dem Land, welcher sich in
das derzeit dominante öffentliche Bild ländlicher Räume in Japan eingliedert. Mediale Darstellung und die auf vorherrschenden Narrativen basierende Erwartungs-
haltung haben somit einen maßgeblichen Einfluss auf die „regionale Marke" (2.2),
die ein Ort für sich formuliert. Ob solche Verschiebungen langfristig erfolgen oder
nur kurz anhalten, scheint abhängig von der Dauer des Erfolgs desjenigen Mediums
zu sein, das diese erst verursacht hat. Im Fall von Iwami kann hier noch kein Urteil
gefällt werden, da „Free!" als mediales Franchise nach wie vor aktuell ist. Dennoch
wird es interessant sein, in fünf, zehn oder zwanzig Jahren erneut einen Blick nach
Iwami zu werfen, um zu sehen, welche dauerhaften Auswirkungen „Free!" und seine Fans auf die Gemeinde hatten.

Angesichts des Erfolgs von Spielen wie Pokémon Go, die virtuelle Figuren zumindest auf einem Bildschirm in die Realität hinein verlegen, kann jedoch davon
ausgegangen werden, dass das Suchen nach Fiktion in der Realität zukünftig weiteren Aufschwung erleben wird. Für den Tourismus könnte dies dazu führen, dass
reale Orte an Bedeutung verlieren, Besucher also nicht mehr primär nach Iwami
fahren, sondern nach Iwatobi. Andererseits bringt das natürlich Chancen mit sich,
was den Neuaufbau einer „regionalen Marke" betrifft, da diese von vornherein über

fiktive Welten auch mit Dingen verbunden werden kann, die in der Realität unmöglich wären. Zwar ist „Free!" kein Beispiel hierfür, da die Serie nicht mit dem Ziel der Vermarktung Iwamis produziert wurde, allerdings gibt es ebenso im Bereich Anime – gerade in den letzten Jahren – einige Titel, die absichtlich an einem bestimmten Ort spielen.

Nichtsdestotrotz hat sich in Iwami zumindest kurzfristig einiges durch *anime seichijunrei* verändert, wie in diesem Beitrag aufgezeigt wurde. Unterstützt werden diese Erfolge ebenfalls durch die in den Interviews geschilderte positive Beziehung zwischen Besuchern und Einheimischen, die ich bei einem Besuch beim *Iwatobi matsuri* tatsächlich beobachten konnte. Dieses Thema wäre für weitergehende Forschungen ebenfalls interessant, gerade im Vergleich zu anderen Animedrehorten. Insbesondere der von Frau T. geäußerte Verdacht, dass das Geschlecht der Besucherinnen ausschlaggebend für ihre Akzeptanz sei, stellt in diesem Zusammenhang eine spannende Ausgangsfrage dar. In diesem Kontext sollten auch verschiedene Events und ihre Wahrnehmung an überwiegend „männlichen" bzw. „weiblichen" Pilgerstätten" betrachtet werden. Gerade die Geburtstagsfeiern für Animefiguren stellen hier ein interessantes Beispiel dar.

Ein weiterer Ansatzpunkt für künftige Forschung könnte ein Vergleich zwischen Schauplätzen sein, die auf japanischen Serien (sowohl Anime als auch Realverfilmungen) basieren und solchen, die sich auf amerikanische oder europäische Serien gründen. Wenn Beeton vermutet, dass Serien eine längerfristige Bindung der Zuschauer zur Folge haben, so denkt sie vermutlich vorrangig an amerikanische Serien, die über einen Zeitraum von mehreren Jahren laufen. Solche Serien gibt es selbstverständlich auch in Japan, doch gerade im Bereich Anime und bei den sogenannten Drama-Serien wird die Mehrheit erst einmal für ein Vierteljahr oder halbes Jahr ausgestrahlt. In Fällen wie „Free!" gibt es die Möglichkeit, später Fortsetzungen zu produzieren; in manch anderen ist der Titel aber von vornherein auf eine begrenzte Laufzeit ausgelegt. Hier kommt wiederum der Media-Mix ins Spiel, mit dessen Hilfe Zuschauer über andere Produkte als die Serienversion an den *content* gebunden werden und dessen Bedeutung in Zukunft weiter steigen könnte.

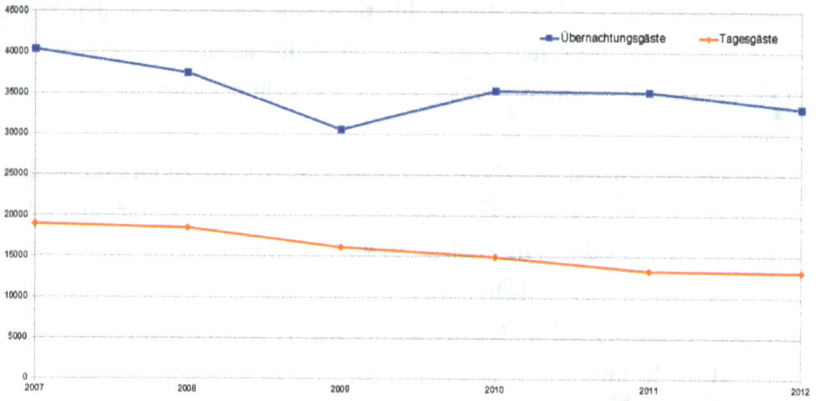

Abb. 1: Zahl der Gäste in Iwami (eigene Grafik).

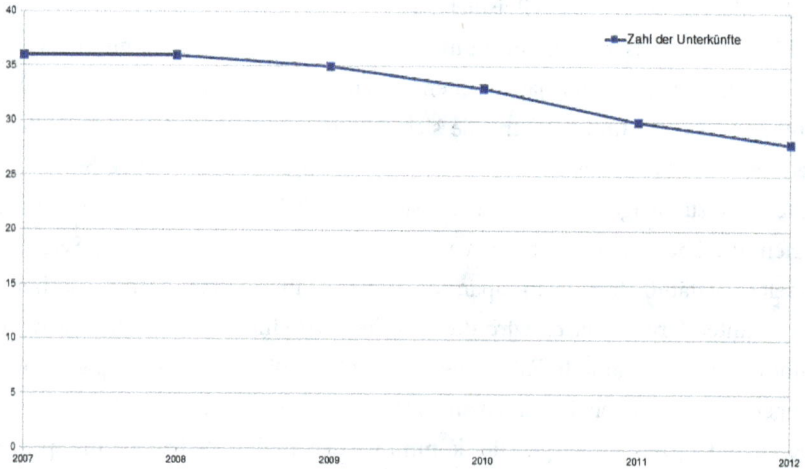

Abb. 2: Zahl der Unterkünfte in Iwami (eigene Grafik).

Abb. 3: Bild „Die Stadt, in der man Iwatobi erfahren kann" (eigenes Foto).

Quellenverzeichnis

ALL NIPPON MICHI-NO-EKI NETWORK. 2014. „What are Michi-no-Eki?": http://www.michi-no-eki.jp/en-what/?language=1 (abgerufen am 04.09.2016).

ANIME NEWS NETWORK (12.05.2011). „No Grand Prizes Given for 2nd Kyoto Animation Award (Updated)": http://www.animenewsnetwork.com/news/2011-05−12/no-grand-prizes-given-for-2nd-kyoto-animation-award (abgerufen am 04.09.2016).

ANIME NEWS NETWORK. 2013a (06.03.2013). „Kyoto Animation's Animation Do Spinoff Unveils New Anime Ad (Updated)": http://www.animenewsnetwork.com/news/2013-03-06/kyoto-animation-animation-do-spinoff-unveils-new-anime-ad (abgerufen am 17.04.2018).

ANIME NEWS NETWORK. 2013b (26.04.2013). „Kyoto Animation Unveils Swimming Team TV Anime Free! for July": http://www.animenewsnetwork.com/news/2013-04−26/kyoto-animation -unveils-swimming-team-tv-anime-free-for-july (abgerufen am 04.09.2016).

ANIME NEWS NETWORK. 2013c (15.11.2013). „Iwatobi from Free! is Now a Bread Concoction": http://www.animenewsnetwork.com/interest/2013–11–15/iwatobi-from-free-is-now-a-bread-concoction (abgerufen am 04.09.2016).

BEETON, Sue. 2004. „The More Things Change…A Legacy of Film-Induced Tourism". In: FROST, Warwick; CROY, Glen; BEETON, Sue (Eds): *International Tourism and Media Conference Proceedings. 24th-26th November 2004*, 4–14. Melbourne: Tourism Research Unit, Monash University.

BEETON, Sue. 2005. *Film-Induced Tourism*. Bristol: Channel View Publications.

BOLAN, Peter; BOY, Stephen; BELL, Jim. 2011. „‚We've seen it in the movies, let's see if it's true': Authenticity and Displacement in Film-induced Tourism". In: *Worldwide Hospitality and Tourism Themes* 3 (2): 102–116.

BUSBY, Graham; KLUG, Julia. 2001. „Movie-induced tourism: The challenge of measurement and other issues". In: *Journal of Vacation Marketing* 5 (4): 316–332.

COMIC MARKET. 2015. „Welcome to the Comic Market": http://www.comiket.co.jp/info-a/TAFO/C89TAFO/C89eng.pdf (abgerufen am 17.04.2018).

ETESUKE SŌGŌ UNTENJO. 2013. „Free! no seichijunrei (butai tanbō) ni ittekimashita" [„Ich bin zum seichijunrei (Schauplatz-Reportage) von Free! gegangen"]: http://etesuke.blog.fc2.com/blog-entry-546.html (abgerufen am 17.04.2018).

GJORGIEVSKI, Mijalce; TRPKOVA, Sinolicka Melles. 2012. „Movie induced tourism: A new tourism phenomenon". In: *UTMS Journal of Economics* 3 (1), 97–104.

HARUNA, Mamoru; NAKANO, Yukari; OKABE, Momoko (Hg.). 2014. *TV Anime „Free"* *pāfekuto fairu* [TV Anime „Free!" Perfect File]. Shufu to Seikatsu-sha.

HUDSON, Simon; RITCHIE, J. R. Brent. 2006. „Promoting Destinations via Film Tourism: An Empirical Identification of Supporting Marketing Initiatives". In: *Journal of Travel Research* 44, 387–396.

IWAMI CHIIKI OKOSHI KYŌRYOKUTAI. 2013. „Kosumosu rōdo ni Iwatobi-chan shutsu-gen!?" [„Erscheinung von Iwatobi-chan auf der Kosmeen-Straße?!"]: http://iwamichiikiokoshi.blog.fc2.com/blog-entry-42.html (abgerufen am 17.04.2018).

IWAMI CHIIKI OKOSHI KYŌRYOKUTAI. 2016. „Iwami-chō chiiki okoshi kyōryokutai kara tainin no go-aisatsu" [„Gruß zum Ausscheiden aus der Gruppe zur regionalen Revitalisierung in Iwami"]: http://iwamichiikiokos-hi.blog.fc2.com/blog-entry-146.html (abgerufen am 17.04.2018).

IWAMI-CHŌ. 2016. „Iwami-gurashi" [„Leben in Iwami"]: http://www.iwami.gr.jp /secure/7392/ %E3 %81 %84 %E3 %82 %8F %E3 %81 %BF %E6 %9A %AE %E3 %82 %89 %E3 %81

%97 %E3 %83 %91 %E3 %83 %B3 %E3 %83 %95 %E3 %83 %AC %E3 %83 %83 %E3
%83 %88 %EF %BC %88 %E5 %B9 %B3 %E6 %88 %9028 %E5 %B9 %B4 %E5 %BA %A6
%E7 %89 %88 %EF %BC %89.pdf (abgerufen am 17.04.2018).

IWAMI-CHŌ YAKUBA. 2013. „Iwami-chō PR kyarakutā o tsukatte Iwami-chō o hasshin shiyō!"
[„Lasst uns die PR-Figuren von Iwami-chō benutzen und Iwami-chō versenden!"]:
http://www.iwami.gr.jp/item/6186.htm (abgerufen am 17.04.2018).

IWAMI-CHŌ YAKUBA. 2016. „Ijūteijū ibento" [„Events zum Umzug und ansässig werden"]:
http://www.iwami.gr.jp/2791.htm (abgerufen am 17.04.2018).

IWAMI-CHŌ KANKŌ KYŌKAI. 2013a. „Iwami-chō Ika Matsuri und kosupure ibento kaisai no
o-shirase" [„Informationen zur Veranstaltung des Iwami-chō Ika Matsuri und Cosplay
Events"]: http://www.iwamikanko. org/articles/view/115 (abgerufen am 17.04.2018).

IWAMI-CHŌ KANKŌ KYŌKAI. 2013b. „[Iwami-chō gentei] TV anime Free! guzzu hatsubai no
go-annai" [„(Limitiert auf Iwami-chō) Informationen zum Verkauf von Merchandising
zur TV-Animeserie Free!"]: http://www.iwamikanko.org/articles/view/102 (abgerufen
am 17.04.2018).

IWAMI-CHŌ KANKŌ KYŌKAI. 2014. „Dai 2-kai iwami-chō ika matsuri und kosupure ibento
kaisai no oshirase" [„Ankündigung zur Veranstaltung des 2. Iwami-chō Ika Matsuri
und Cosplay Event"]: http://www.iwamikanko.org/articles/view/166 (abgerufen am
17.04.2018).

IWAMI-CHŌ KANKŌ KYŌKAI. 2015a. „[6/29 (nichi) kaisai]iwatobi matsuri 2014 kaisai no
oshirase" [„(öffnet am 29.06 [Sonntag]) Ankündigung zur Veranstaltung des Iwatobi Matsuri 2014"]: http://www.iwamikanko.org/articles/view/146 (abgerufen am
17.04.2018).

IWAMI-CHŌ KANKŌ KYŌKAI. 2015b. „Dai 3-kai iwami-chō ika matsuri und kosupure ibento kaisai no oshirase" [„Ankündigung zur Veranstaltung des 3. Iwami-chō Ika Matsuri
und Cosplay Event"]: http://www.iwamikanko.org/articles/view/236 (abgerufen am
17.04.2018).

IWAMI-CHŌ KANKŌ KYŌKAI. 2015c. „[4/4 kaisai] sakura no pūru de satsueikai @ Iwami kōkō"
[„(Veranstaltet am 4. April) Fototreffen am Kirschblütenpool @ Iwami Oberschule"]:
http://www.iwamikanko.org/articles/view/210 (abgerufen am 17.04.2018).

IWAMI-CHŌ KANKŌ KYŌKAI. 2015d. „[12/14 kaisai] tanjōbi kikaku/kēki purezento no go-
annai" [„(Veranstaltet am 14. Dezember) Informationen zu Geburtstagsplänen und
Kuchen-Geschenk"]: http://www.iwamikanko.org/articles/view/253 (abgerufen am
17.04.2018).

IWAMI-CHŌ KANKŌ KYŌKAI. 2016a. „Homepage": http://www.iwamikanko.org/ (abgerufen am 17.04.2018).

IWAMI-CHŌ KANKŌ KYŌKAI. 2016b. „Iwami Map": http://www.iwamikanko.org/iwamimap/ (abgerufen am 17.04.2018).

IWAMI-CHŌ KANKŌ KYŌKAI. 2016c. „[2/2 kaisai] Matsuoka-sei pan purezento no oshirase" [„(Veranstaltung am 2. Februar) Ankündigung eines Brot-Geschenks"]: http://www. iwamikanko.org/articles/view/259 (abgerufen am 17.04.2018).

IWAMI-CHŌ KANKŌ KYŌKAI. 2016d. „[8/20 kaisai] tanjōbi kikaku/nashi dōnatsu und jūsu purezento no oshirase" [„(Veranstaltung am 20. August) Ankündigung zu Geburtstagsplänen/Nashi-Donut und Saft-Geschenk"]: http://www.iwamikanko.org/articles/view/295 (abgerufen am 17.04.2018).

IWAMI KANKŌ. 2016. „MOVIE HIGHSPEED": http://www.iwamikanko.org/movie-highspeed/ (abgerufen am 04.09.2016).

KOKUDO KŌTSŪ-SHŌ SŌGŌSEISAKU-KYOKU KANKŌ CHIIKI FUKKŌ-KA [„Abteilung für regionalen Wiederaufbau des Büros für Gesamtpolitik des Ministeriums für Land und Verkehr"] et al. [MLIT]. 2005. „Eizō tō kontentsu no seisaku/katsuyō ni yoru chiiki fukkō no arikata ni kansuru chōsa. Hōkokusho." [„Untersuchung zum regionalen Wiederaufbau durch politische Maßnahmen zu bzw. Anwendung von visuellem und anderem Kontent. Bericht"]: http://www.mlit.go.jp/kokudokeikaku/souhatu/h16sei-ka/12eizou/12eizou. htm (abgerufen am 17.04.2018).

KYOTO ANIMATION (produzierendes Studio). 2013. Free! Iwatobi Swim Club (Fernsehserie, 12 Folgen): http://www.crunchyroll.com/free-iwatobi-swim-club (abgerufen am 17.04.2018).

KYOTO ANIMATION (produzierendes Studio). 2014. Free! Eternal Summer (Fernsehserie, 13 Folgen): http://www.crunchyroll.com/free-iwatobi-swim-club (abgerufen am 17.04.2018).

KYOTO ANIMATION. 2015. „Hai ☆ supīdo! komikaraizu kōshiki saito" [„Offizielle Seite zur Comic-Version von ‚High Speed!'"]: http://www.kyotoanimation.co.jp/books/highspeed/ comic/ (abgerufen am 17.04.2018).

JNTO. 2016a. „Pilgrimage to sacred places": http://www.jnto.go.jp/eng/indepth/cultural/ pilgrimage/ (abgerufen am 17.04.2018).

JNTO. 2016b. „An Invitation to an ‚Otaku' Tour: Immersing Yourself in Japanese Anime und Comics": http://www.jnto.go.jp/eng/indepth/exotic/animation/index.html (abgerufen am 17.04.2018).

MACIONIS, Niki. 2004. „Understanding the Film-Induced Tourist". In: FROST, Warwick; CROY, Glen; BEETON, Sue (Eds.): *International Tourism and Media Conference Proceedings. 24th-26th November 2004*, 86–97. Melbourne: Tourism Research Unit, Monash University.

MASUBUCHI, Toshiyuki. 2009. „Kontentsu tsūrizumu to sono genjō" [„contents tourism und seine gegenwärtige Situation"]. In: *Chiiki inobēshon* [Regionale Innovation] – *JRPS: Journal for Regional Policy Studies* 1: 33–40.

MASUBUCHI, Toshiyuki. 2010. *Monogatari o tabisuru hitobito. Kontentsu tsūrizumu to wa nani ka* [„Menschen, die Geschichten bereisen. Was contents tourism ist"]. Sairyūsha.

MASUBUCHI, Toshiyuki; MIZOO, Yoshitaka; YASUDA, Nouhiro; NAKAMURA, Tadashi; HASHIMOTO, Hideshige; IWASAKI, Tatsuya; YOSHIGUCHI, Katsutoshi; ASADA, Masumi. 2014. *Kontentsu tsūrizumu nyūmon* [„Einführung in contents tourism"]. Kokon shoin.

MINISTRY OF INTERNAL AFFAIRS AND COMMUNICATIONS [MIC]. 2015. „Jūminkihondaichō ni motozuku jinkō, jinkōidō oyobi setaisū (Heisei 27-nen 1-gatsu tsuitachi genzai)" [„Zahl der Bevölkerung, Bevölkerungsbewegungen sowie Zahl der Haushalte, basierend auf den Einwohnerregistern (Stand 01.01.2015)"]: http://www.soumu.go.jp/menu_news/s-news/01gyosei02_03000062.html (abgerufen am 17.04.2018).

MINISTRY OF INTERNAL AFFAIRS AND COMMUNICATIONS [MIC]. 2016a. „Chiiki okoshi kyōryokutai ni tsuite" [„Über die Gruppen zur Zusammenarbeit bei der regionalen Revitalisierung"]: http://www.soumu.go.jp/main_content/000405085.pdf (abgerufen am 17.04.2018).

MINISTRY OF INTERNAL AFFAIRS AND COMMUNICATIONS [MIC]. 2016b. „Chiiki okoshi kyōryokutaiin no chiiki yōken ni tsuite" [„Über die regionalen Kriterien für Mitglieder einer Gruppe zur Zusammenarbeit bei der regionalen Revitalisierung"]: http://www.soumu.go.jp/main_content/000335888.pdf (abgerufen am 17.04.2018).

NAVER (27.04.2013). „Kyōani no suiei CM ni kaigai fan ga kuitsukimakuri, animeka shomei undō ga! [Kaigai no hannō]" [„Ausländische Fans beißen kontinuierlich bei KyoAnis Schwimmwerbung an, Unterschriftenkampagne zur Verfilmung als Anime! (Reaktionen aus dem Ausland)"]: http://matome.naver.jp/odai/2136289938318809701?undpage =1 (abgerufen am 17.04.2018).

NAVER (12.02.2015). „Free! ES Haruka to Rin ga otozureta! Ōsutoraria seichijunrei supotto matome [tokutei] #TV_Free" [„Free! ES Haruka und Rin haben sie besucht! Zusammenfassung der Pilgerstätten in Australien (Spezial) #TV_Free"]: http://matome.naver. jp/odai/2141138588707121701 (abgerufen am 17.04.2018).

OKAMOTO, Takeshi. 2009a. „Anime seichijunrei no tanjō to tenkai" [„Geburt und Entwicklung des anime seichijunrei"]. In: *CATS sōsho Vol. 1 „media kontents to tsūrizumu"* [„CATS Schriftenreihe Vol. 1 ,Medieninhalte und Tourismus'"]: 31–62.

OKAMOTO, Takeshi. 2009b. *Jōhō shakai ni okeru jiritsuteki kankō no arikata ni kansuru kenkyū – anime seichijunreisha no ryokō kōdō no tokushitsu to sono kadai* [„Forschung zur Form des autonomen tourismus in der Informationsgesellschaft – Besonderheiten und Probleme des Reiseverhaltens von Anime-Pilgern"]. Master-Thesis, Hokkaidō-Universität.

OKAMOTO, Takeshi. 2013. *N-ji sōsaku kankō: anime seichijunrei/kontentsu tsūrizumu/kankō shakaigaku no kanōsei* [„N-dimensionaler Tourismus: Die Möglichkeiten von anime seichijunrei, contents tourism und touristischer Sozialwissenschaft"]. Ebetsu: Hokkaidō Bōken Geijutsu Shuppan.

OKAMOTO, Takeshi. 2015. „Otaku tourism and the anime pilgrimage phenomenon in Japan". In: *Japan Forum* 21 (1): 12–36.

ŌISHI, Gen. 2011. „Anime ,butai tanbō' seiritsushi – iwayuru ,seichijunrei' no kigen ni tsuite" [„Geschichte des Anime-„Schauplatzbesuchs" – über die Ursprünge des sogenannten ,Pilgerns'"]. In: *Kushiro kōgyō kōtō senmon gakkō kiyō dai 45-gō* [Jahresschrift der Industrie-Fachoberschule Kushir, Nr. 45]: 41–50.

RENTASAIKURU NO INAZUMA. 2014. „Free! – Eternal Summer –" – (1) butai tanbō: Kinki Daigaku (Higashiōsaka kyanpasu)" [„,Free! – Eternal Summer –' – (1) Schauplatz-Reportage: Kinki Daigaku (Campus Higashiōsaka)"]: http://cycle-junrei.hatenablog.jp/entry/2014/07/05/223406 (abgerufen am 17.04.2018).

RILEY, Roger W.; VAN DOREN, Carlton. 1992. „Movies as tourism promotion. A 'pull' factor in a 'push' location". In: *Tourism Management September* 1992: 267–274.

RITCHIE, Brent. 1984. „Assessing the impact of hallmark events: conceptual and research issues". In: *Journal of Travel Research*, 23 (1), Summer 1984: 2–11.

ROESCH, Stefan. 2009. *The Experiences of Film Location Tourists*. Bristol: Channel View Publications.

SAN'IN KAIGAN GEOPARK. 2016. Homepage: http://sanin-geo.jp/ (abgerufen am 17.04.2018).

SEATON, Philip; YAMAMURA, Takayoshi. 2015. „Japanese Popular Culture and Contents Tourism – Introduction". In: *Japan Forum* 21 (1): 1–11.

SHIMADA, Manami; HATŌ, Chikako; HONDA, Hikari; MIZUTA, Moeko. 2012. „Anime seichijunrei no kanōsei: Washimiya ni okeru ,ba no imi' no tayōka" [„Möglichkeiten von anime seichijunrei: die Diversifikation der ,Bedeutung des Ortes' in Washimiya"]. In: *Kontentsu tsūrizumu ronsō: Collected Treatises on Contents Tourism* 1: 86–94.

Sō DA, SEICHI NI IKŌ. 2013a. „Free! butai tanbō (seichijunrei) 1-wa (Iwami-chō/Tottori)-hen" [„Free! Schauplatz-Reportage (seichijunrei) Kapitel 1 (Iwami-chō/Tottori)-Ausgabe"]: http://blog.livedoor.jp/seichijunrei/archives/52006055.html (abgerufen am 17.04.2018).

Sō DA, SEICHI NI IKŌ. 2013a. „Free! butai tanbō (seichijunrei) 3-wa (Iwami-chō/Wakasa-tetsudō Hayabusa-eki)-hen" [„Free! Schauplatz-Reportage (seichijunrei). Kapitel 3 (Iwami-chō/Wakasa-Linie Bahnhof Hayabusa)-Ausgabe"]: http://blog.livedoor.jp/seichijunrei/archives/52006170.html (abgerufen am 17.04.2018).

SÖLTER, Marc. 2006. „Tourismuswissenschaft": http://dr-schnaggels2000.surfino.info/uploads/Tourismuswissenschaft.pdf?PHPSESSID=ed089765346f6968331ca495701a45ce (abgerufen am 17.04.2018).

STATISTICS JAPAN. 2015. „Heisei 27-nen kokusei chōsa" [„Zensus 2015"]: http://www.stat.go.jp/data/kokusei/2015/kekka.htm (abgerufen am 17.04.2018).

TASHIRO, Daiichirō (09.03.2013). „Kyōto animēshon no sekushīsugiru suiei CM ni kaigai nettoyūzā daikōfun! ,Jinsei saikō no 30-byō' ,ransō ga bakuhatsu shita'" [„Internetnutzer aus Übersee sehr aufgeregt über Schwimmwerbung von Kyoto Animation, die zu sexy ist! ,Die besten 30 Sekunden meines Lebens', ,Meine Eierstöcke sind explodiert'"]: http://rocketnews24.com/2013/03/09/302290/ (abgerufen am 17.04.2018).

TSUREBASHI. 2013a. „Free! butai tanbō (seichijunrei) – Tottori-shi/Yazu-chō/Kyōto-hen" [„,Free!' Schauplatz-Reportage (seichijunrei) – Tottori-shi/Yazu-chō/Kyōto-hen"]: http://tsurebashi.blog123.fc2.com/blog-entry-296.html (abgerufen am 17.04.2018).

TSUREBASHI. 2013b. „Free! butai tanbō (seichijunrei) – Tottori-ken Iwami-chō" [„Free! Schauplatz-Reportage (seichijunrei) – Tottori-ken Iwami-chō"]: http://tsurebashi.blog123.fc2.com/blog-entry-274.html (abgerufen am 17.04.2018).

URRY, John; LARSEN, Jonas. 2011. *The Tourist Gaze 3.0.* London: Sage Publications.

YAMAMURA, Takayoshi. 2015. „Contents tourism and local community response: Lucky star and collaborative anime-induced tourism in Washimiya". In: *Japan Forum* 21 (1): 59–81.

Die Echigo-Tsumari Art Triennale – eine erfolgreiche Form der regionalen Revitalisierung?

Theresa Sieland

1. Einführung

Im Rahmen zahlreicher politischer Bewegungen wurden in Japan stetig neue Konzepte entworfen, um Problemen wie Überalterung, Bevölkerungsrückgang und wirtschaftlicher Stagnation in ländlichen Regionen beizukommen. Infolge der fortschreitenden Urbanisierung und des Misserfolges kostspieliger Revitalisierungsprojekte während der 1980er Jahre stellten insbesondere lokale Bürgerinitiativen ihre herkömmlichen Lebens- und Arbeitsweisen zunehmend infrage, weshalb der Fokus etwaiger Entwicklungspläne ab Mitte der 1990er erheblich verlagert wurde. Landesweite, mitunter auf Initiative der Anwohner hin entwickelte Stadt- (*machizukuri*) und Regionalentwicklungsprojekte (*chiikizukuri*) in Japan setzen es sich heute vor allem zum Ziel, Ortsansässige aktiv in die Planungs- und Gestaltungsprozesse ihres Lebensraumes mit einzubinden (Kusakabe 2013: 7 f.). Hierdurch soll schließlich nicht nur ein ökonomischer, sondern auch „psychologischer" Effekt erzielt werden, bei der die lokale Gemeinschaft in ihrem Selbstbild gestärkt und die generelle Lebensqualität vor Ort erhöht wird (Moon 2002: 233 ff.).

Als herausragendes Beispiel einer solchen kooperativen Partizipation, die ihren Schwerpunkt auf den Austausch von Land- und Stadtbevölkerung legt, gilt die „Echigo-Tsumari Art Triennale" (nf. ETAT), die seit 2000 in der gleichnamigen Region der Präfektur Niigata veranstaltet wird. In Kooperation mit Behörden der Präfektur und deren Kommunen wird hier von urbanen und ländlichen Akteuren alle drei Jahre ein zeitgenössisches Kunstfestival veranstaltet, welches mit jedem Mal höhere Besucherzahlen erzielt (ETAT Website 2018). Die ETAT wird in den Medien häufig als neue Form des *chiikizukuri* angepriesen, bei der die Aufstellung zeitgenössischer Kunstwerke sowie der dadurch angekurbelte Tourismus dazu dienen sollen, die Infrastruktur auszubauen und einen regionalen „sense of identity" (Klien 2010b: 519) in den Gemeinden zu etablieren.

Angesichts der Popularität neuer Strategien zur Wiederbelebung ländlicher Gebiete und des Diskurses um die Probleme der Landbevölkerung in Japan wird in diesem Beitrag die ETAT näher vorgestellt und hinsichtlich ihres Revitalisierungspotenzials untersucht. Neben Sekundärliteratur werden primäre Quellen wie die ETAT-Website und Kataloge sowie Erkenntnisse von Forschungsaufenthalten aus dem Frühjahr 2014 und Herbst 2015 verarbeitet. Im Rahmen der teilnehmenden Beobachtung wurden qualitative Interviews mit freiwilligen Helfern, NPO-Mitarbeitern und Anwohnern geführt. Ziel ist die Beantwortung der Frage, wie die ETAT hinsichtlich ihrer derzeitigen Effektivität bewertet werden kann, um einen langfristigen Revitalisierungserfolg durch das Kunstfestival zu gewährleisten.

2. Regionale Revitalisierung in Japan – zu den Begriffen *machizukuri* und *chiikizukuri*

Mit ländlichen Regionen werden in Japan insbesondere Probleme wie Entvölkerung, Überalterung und wirtschaftliche Stagnation in Verbindung gebracht. Ausgehend von Faktoren der Industrialisierung und Urbanisierung verloren primäre Industrien wie Land- und Forstwirtschaft in der Nachkriegszeit Japans zunehmend an Bedeutung. Aufgrund des damit einhergehenden Mangels an Arbeitsplätzen und der Abwanderung junger Menschen in die Städte wurden seit den 1960er Jahren vonseiten der Zentralregierung und lokaler Verbände zahlreiche Versuche unternommen, die Wirtschaft ländlicher Regionen in Japan wieder anzukurbeln. In diesem Kontext entstand eine Vielzahl neuer Begriffe, die noch heute verschiedene Strategien zur Revitalisierung der betroffenen Gebiete umschreiben. Der Ausdruck „regionale Revitalisierung" ist in der Fachliteratur nach wie vor umstritten: Präzise Definitionen sind eher spärlich und weisen bei genauerer Recherche oftmals sehr unterschiedliche Grundvoraussetzungen und Lösungsansätze zugunsten einer „Wiederbelebung" der betreffenden Regionen auf. Dem Ausdruck liegt generell die „vage Vorstellung" (Klien 2009: 221) zugrunde, „dass die verschiedenen Funktionen einer stagnierenden lokalen Gesellschaft wieder aktiv zu arbeiten beginnen"

(Hashizume in ebd.). In Abhängigkeit vom jeweiligen Beispiel werden einmal eher den sozialen, in anderen Fällen eher den wirtschaftlichen Aspekten oberste Priorität zugeschrieben. In Japan spiegelt sich diese Vielseitigkeit an Definitionen und Auslegungen ebenfalls in einer Vielzahl von Termini wieder, die den Prozess der Wachstumsankurbelung ländlicher Gebiete umschreiben. Neben ehemals gängigen Bezeichnungen wie *furusato zukuri* („kommunale Stadtentwicklung zur Schaffung von Heimatverbundenheit") oder *mura okoshi* (engl. „village revival") werden in Hinblick auf neuere Revitalisierungsmaßnahmen in Japan heutzutage eher Begriffe wie *chiiki okoshi, chiiki saisei* (engl. „regional revival") oder *machizukuri* bzw. *chiiki-zukuri* präferiert (Knight, J. 1994: 249 f.).

Die Herkunft des Begriffs *machizukuri* wird in den 1950ern bis 1960ern verortet. Der Sozialhistoriker Masuda Shirō griff das Konzept des *machizukuri* 1952 zunächst als reinen Slogan zugunsten der Stärkung lokaler Autonomie während des Demokratisierungsprozesses in der Nachkriegszeit auf. Seine Idealvorstellung zukünftiger Stadtgemeinden in Japan beschrieb er als „new *machizukuri*" (Watanabe, S. 2006: 128), ohne dass er jedoch den Versuch unternahm, den Ausdruck in diesem Kontext genauer zu definieren. Hiervon ausgehend diente der Begriff zunächst lediglich als Schlagwort, um eine Art „Reformbewegung" auf lokalem Level zu umschreiben (ebd.: 129). Infolge der Protestbewegungen gegen die rasch expandierenden Stadterweiterungsprozesse und der vermehrten Formung von Bürgerinitiativen zur Wohnumfeldverbesserung (Hohn 2000: 100 ff.) wurde mit dem *machizukuri*-Begriff seit den 1980er Jahren zunehmend die Etablierung positiver zwischenmenschlicher Beziehungen in Großstädten betont. In Zusammenarbeit mit der Stadtverwaltung setzten Bürgerverbände so teils „softe" Maßnahmen (*sofuto jūshi*) zur Förderung der lokalen Wohlfahrt um (Vogt 2001: 74). Viele dieser Verbände sind noch heute aktiv oder dienen anderen Gemeinden als Vorbild für den Start ihrer eigenen *machizukuri*-Bewegung. Der Begriff *chiikizukuri* bezeichnet sinngemäß ebenfalls eine Beteiligung von Bürgern, konzentriert sich allerdings auf eine größere, gebietsbezogene Dimension. Es wird nicht nur die Beteiligung an den Planungsprozessen einer einzelnen Stadt, sondern der ganzen Region ins Auge gefasst, wodurch zeitgleich ein breiterer Teil der Ortsansässigen angesprochen werden soll (ebd.: 37 f.).

Sowohl *machizukuri* als auch *chiikizukuri* wohnt heute die positive Konnotation bei, dass Anwohner sich entsprechend ihrer eigenen Vorstellungen und Zukunftswünsche aktiv an Umgestaltungen ihres Lebensraumes beteiligen sollen (Kusakabe 2013: 7 f.). Dieser Prozess wird insofern als innovativ angesehen, als dass Bürgern und Anwohnern wieder entscheidende Mitbestimmungsrechte zugesprochen werden, von denen sie sich lange Zeit ausgeschlossen sahen. Gemäß Kimura wurden lokale bzw. regionale Entwicklungspläne stets auf Grundlage eines problemorientierten Ansatzes entwickelt, bei der zunächst Missstände identifiziert und entsprechende Gegenmaßnahmen ergriffen wurden. Diese Herangehensweise habe allerdings von Anfang an eine negative Grundeinstellung für die weitere Planung zur Folge, die sich auch auf alle Partizipierenden auswirke: „In other words, this approach assumes that a community has only half of what it needs." (Kimura 2005: 2). Bei neueren *chiikizukuri*-Konzepten läge der Fokus hingegen auf einer die Stärken der Region in den Fokus nehmenden Perspektive: Durch eine Bewusstmachung der Qualitäten des eigenen Wohnortes sollen einfach zu erreichende Ideale für die Zukunft gebildet werden, bei der die Teilnehmenden den Plänen mit einer positiven Grundeinstellung begegnen (ebd.: 3). Das theoretische Leitbild *machizukuris* hat sich in diesem Zuge dahingehend verlagert, nicht länger nur eine bloße Beteiligung der Anwohner anzustreben, sondern – auf Grundlage eines gleichberechtigten, partnerschaftlichen Verhältnisses – eine gewisse Autonomie gegenüber der Verwaltungsebene zu etablieren (Hohn 2000: 522).

Seit den 1970er-Jahren haben *machizukuri*- und *chiikizukuri*-Bewegungen einen erheblichen Beitrag dazu geleistet, Aspekten wie lokaler Umweltverschmutzung und der Verbesserung von Wohnumfeldverhältnissen einen neuen Stellenwert im öffentlichen Diskurs zu verschaffen. Einhergehend mit der Kritik an bisherigen Urbanisierungsstrategien sind die Probleme ländlicher Regionen in Japan verstärkt ins gesellschaftliche Bewusstsein gerückt. Bei den Plänen für erfolgreiche Revitalisierung in Japan hat demnach ein zentrales Umdenken stattgefunden: *machizukuri* und *chiikizukuri* streben neben der Förderung von Industrie und einer Verbesserung der vor Ort anzutreffenden Infrastruktur nun auch die Neuanwerbung von Anwohnern und die Entwicklung eines Selbstwertgefühls für den eigenen Wohnort an. Allerdings liegen die Probleme derzeitiger Maßnahmen nach wie vor bei den meist eher oberflächlichen Partizipationsmöglichkeiten für Anwohner sowie deren mangelnden Sachkenntnissen (Watanabe, S. 2006: 135; Hohn 2000: 522 ff.). Da die Erarbeitung bürgerlicher Akzeptanz und kompetenter Partizipation mehrere Jahre in Anspruch nehmen kann, zeichnen sich etwaige *machizukuri-* und *chiikizukuri-* Projekte daher durch ein gewisses „Schneckentempo" (Hohn 2000: 528) aus.

3. Echigo-Tsumari und die Art Triennale

Die Region Echigo-Tsumari befindet sich etwa drei Autostunden nordwestlich von Tōkyō in der Präfektur Niigata und erstreckt sich auf eine Gesamtfläche von rund 760 km². Aufgeteilt in die sechs Gemeinden Tōkamachi, Kawanishi, Matsu-dai, Matsunoyama, Nakasato und Tsunan, leben hier derzeit rund 70.000 Menschen (Kitagawa 2014: 26). Seit den 1960ern hat Echigo-Tsumari mit Problemen der fortschreitenden Überalterung und Landflucht zu kämpfen – ca. 30 % der Lokalbevölkerung sind über 65 Jahre alt. Damit einhergehend sind in der Region viele ehemalige wirtschaftliche Haupteinnahmequellen, allen voran die ehemals blühenden *Ojiya-chijimi-* und *Echigo-jofu-*Textilindustrien, fast gänzlich entfallen. Faktoren wie der harte, nicht selten mit bis zu vier Metern Schnee verbundene Winter, der damit verbundene Arbeitsaufwand für Räumarbeiten und der eingeschränkte Nahverkehr begünstigen letztendlich die Tendenz, dass junge Menschen nach besseren Lebens- und Arbeitsbedingungen in den Großstädten suchen und spätestens zum Studieren und Arbeiten aus der Region wegziehen. Mitte der 1990er Jahre wurde von der präfekturalen Revitalisierungsbehörde Niigatas unter dem Titel *New Niigata Riso Plan* („Neuer Niigata Revitalisierungsplan") zunächst ein auf zehn Jahre angelegtes Projekt entwickelt, um langfristig die folgenden drei Ziele zu erreichen:

- weitreichende Kooperation, die die Grenzen zwischen den Gemeinden überschreitet (Befreiung von der „Full Set"-Industriestruktur),
- Beteiligung der Anwohner in der Planungsphase (Regionalentwicklung in Zusammenarbeit mit den Anwohnern),

- Entwicklung einer Wertschätzung für die eigene Region (eigene Ideen, kein bloßer Verlass auf Berater bzw. Kommissionen) (Watanabe, H. 2013: 1, e. Ü.).

Die Ausführung der Entwürfe sollte sich an den in den vorigen Jahren immer populärer werdenden Kunsttourismus anderer Regionen orientieren, sodass in allen präfekturalen Regierungsbezirken Pläne für lokale Attraktionen entwickelt wurden (Klien 2010b: 515). Für die Umsetzung dieses Unterfangens in der Region Echigo-Tsumari, die im Besonderen von Problemen der Überalterung und Landflucht betroffen ist, lud die Präfektursregierung den aus Niigata stammenden Art Director und Inhaber der kommerziellen *Art Front Gallery* (nf. AFG) Kitagawa Fram ein. Als Ideengeber mündeten seine Vorschläge schließlich in das *Echigo-Tsumari Art Necklace Maintenance Project*, in welchem zeitgenössische Kunst als „Katalysator" (*„kīwādo ha āto = shokubai toshite no chikara*" [Echigo-Tsumari Āto Nekkuresu seibi jigyō 2013: 1]) dienen sollte, um eine Revitalisierungsform mit reger Bürgerbeteiligung (*jūminsanka*) einzuleiten. Da damaligen Umfragen zufolge viele Anwohner hinsichtlich der Probleme ihrer Region mit Resignation reagierten, sollte dieser „Entvölkerung des Herzens" (*kokoro no kaso* [ebd.: 2]) durch das neue Projekt entgegengesteuert werden. 1996 begann die regionale Promotion für die Pläne, in der die Ideengeber zunächst auf erhebliche Ablehnung vonseiten der Anwohner und Teilen der präfekturalen Regierung stießen. Kritikpunkte bildeten insbesondere die Kostenfrage, die Weitläufigkeit sowie die generelle Umsetzbarkeit des Projekts, begleitet von einer großen Skepsis gegenüber der Ausstellung zeitgenössischer Kunst in einem ländlichen Gebiet: „We gradually learned that the rationale of *machizukuri* meant nothing to the people we were trying to convince." (Kitagawa 2014: 20). In Form zahlreicher Info- und Diskussionsveranstaltungen gewann die Idee allerdings mehr Befürworter, sodass es im Jahr 2000 zur erstmaligen Umsetzung des Festivals kam. Dessen Popularität bekräftigte die Entscheidung, das Event in Form einer alle drei Jahre stattfindenden Triennale zu wiederholen und das zuvor etablierte Marketing weiter auszubauen.

3.1 ETAT-Organisation und Aktivitäten

Unter der wachsenden Zahl an Akteuren, die die Veranstaltung und Vermarktung der ETAT planen, gilt Kitagawa Fram nach wie vor als Schlüsselfigur, insbesondere in seiner Rolle als zentraler Initiator und „General Director".[1] Er ist, gemeinsam mit dem „Echigo-Tsumari Art Triennale Executive Committee" der AFG, primär für den Kontakt zu berühmten Persönlichkeiten aus Künstlerkreisen zuständig.[2] Die im Jahr 2008 gegründete „NPO Echigo-Tsumari Satoyama Collaborative Organization" fungiert als Co-Organisator in Tōkamachi und kümmert sich eher um lokale Belange:

> [...] NPO will focus on making Echigo-Tsumari a place where the local people can live happily, find job opportunities and people with different background [sic!] and set of values can live together. (ETAT Website 2016)

Schlusslicht bildet die Gruppe freiwilliger Helfer namens *kohebi tai* („kleine Schlangen-Truppe"), die sich bei der Organisation und Ausführung von Events vor, während und nach den Ausstellungsterminen engagiert. Die Gruppe setzt sich zu großen Teilen aus Studenten aus den Großstädten, mittlerweile aber auch engagierten Anwohnern zusammen und nimmt eine wichtige Vermittlerrolle zwischen Einheimischen, Künstlern und der AFG ein. Seit der 2000 erstmals ausgerichteten Kunstausstellung haben sich die Aktivitäten der ETAT stetig ausgeweitet. Ein Jahr vor der jeweils nächsten Ausstellungseröffnung findet im Rahmen eines strengen Auswahlverfahrens ein von der AFG ausgerichteter Wettbewerb statt, bei dem die Projektentwürfe sich bewerbender Künstler gesichtet werden. Die Organisatoren suchen dabei gezielt nach Künstlern,

---

[1] Kitagawa Fram ist ebenso als General Director für das 2010 entstandene Setouchi International Art Festival bekannt, welches – wie die ETAT – alle drei Jahre auf mehreren kleinen Inseln der Seto-Inlandsee veranstaltet wird.

[2] Seit der dritten Triennale im Jahr 2009 wird das Event zudem von Fukutake Soichiro, ehemaliger Vorsitzender der Benesse Corporation und Präsident der Naoshima Fukutake Art Museum Foundation, in der Rolle des Co- und General Producers mitfinanziert (Kitagawa 2014: 160 f.; ETAT 2018).

[...] whose artworks make the best use of history and culture of Echigo-Tsumari or a proposal for event/program that has the power to inspire or raise awareness of Echigo-Tsumari internationally. (ETAT Website 2017)

Nach Sicht der Bewerbungen und anschließender Auswahl werden unter Berücksichtigung des Budgets in den folgenden Monaten Projekte von international renommierten, aber auch unbekannteren Künstlern in Kooperation mit der Lokalbevölkerung durchgeführt. Während in den ersten Jahren vor allem In-Situ-Kunstwerke in Reisfeldern oder auf brachliegenden Ackern verwirklicht wurden, werden heute verstärkt auch leerstehende bzw. verlassene Häuser, Schulen und andere Gebäude von den Künstlern umgestaltet und z. B. als Museen oder Besucherunterkünfte neu interpretiert (Kitagawa 2014: 102 ff.). Neben diesen *akiya*-Projekten finden während der dreimonatigen Triennale verschiedene Events wie Performances und Workshops mit Künstlern statt, an denen Anwohner, freiwillige Helfer und auch Besucher von außerhalb teilnehmen können. Kitagawa betont, dass er den Künstlern in den Projekt-Vorbesprechungen vor allem von den Problemen der Region berichte:

My point is not about how tasty the wild vegetables are here or how beautiful the landscape is, but rather about making them aware of the history of regional decline. I explain this context because I want them to use it as a starting point for their works. (Kitagawa 2014: 283)

Auch außerhalb des Veranstaltungszeitraumes der Triennale werden in der Region über das Jahr verteilt kleinere Kunstprojekte, Events und Workshops ausgerichtet. Neben lokalen *matsuri* gehört hierzu die Veranstaltung sogenannter „Hands On"-Projekte, bei denen gezielt Stadtbewohner angesprochen und dazu aufgerufen werden, aufs Land zu fahren und im Rahmen von Workshops mit der lokalen Bevölkerung in Kontakt zu treten (Kobori 2009: 1951 f.). In Form der „Matsudai Tanada Bank", des „Tsumari Fan Clubs" und der „Old Minka Owner"-Projekte sucht die ETAT zudem Hilfe bei der Erhaltung der Reisfelder und alten *minka* (Wohn- oder

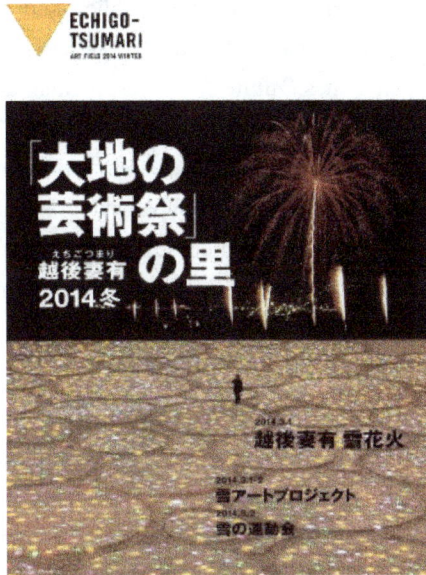

Abb. 1: Broschüre Daichi no Geijutsusai Echigo-Tsumari no Sato 2014 *Fuyu* (Quelle: Auslage *Kinare*).

Bauernhaus; ETAT Website 2018). Innerhalb ganzjährig geöffneter Einrichtungen wie dem Naturmuseum *Kyororo* und Veranstaltungen wie dem „2014 *Fuyu*" („Winter 2014", Abb. 1) sollen Besucher weiterhin die Vielfalt der Landschaft entdecken und etwas über die Traditionen des „snow country and its farmlands" (Kitagawa 2014: 22) lernen.

Die ETAT genießt in Japan mittlerweile eine gut ausgebaute mediale Präsenz, in der die Vorzüge und großen Erfolge des Festivals hervorgehoben werden. Im Verlauf der Jahre haben sich vor allem soziale Aspekte hervorgetan, bei denen zuvor genannte Ziele, wie die Verbesserung der Kommunikation zwischen Lokalbevölkerung und Besuchern, bereits erreicht werden konnten (Klien 2009: 226). Das Festival erzielt so mit jedem Jahr höhere Besucherzahlen, was vor allem seiner gezielten Vermarktung zu verdanken ist, die sich u. a. Elementen des Öko- sowie Heimattourismus bedient. Bei diesen wie von der ETAT etablierten und gezielt auf urbane Adressaten ausgerichteten Angeboten wird häufig von einem „new concept of eco-tourism Japan-style" (Japan Times Online 2008) gesprochen, dessen Schwerpunkt auf der Interaktion mit der lokalen Bevölkerung liegt (Jones 2012: 201). Diese Form des Ökotourismus unter dem Leitmotiv einer „Conservation Education" für Menschen aus urbanen Lebensräumen erfreut sich japanweit großer Beliebtheit (Kobori 2009: 1950 f.). Ziel eines solchen „japanischen" Ökotourismus ist dabei nicht zwingend die Schonung, sondern vielmehr die „Erfahrbarkeit" der umliegenden „Natur" – hier in Form der Kulturlandschaft *satoyama*.

3.2 Marketing der ETAT: *Satoyama*, Kunst und Kreativität

Die ETAT macht sich in ihren Werbematerialien vor allem das Image der Region Echigo-Tsumari als „Schneeland" und „ursprüngliche Kulturlandschaft Japans" zunutze, um die Gegend für Stadtbewohner attraktiv zu machen. Die Landschaft Echigo-Tsumaris, die von Bergen, dem Shinano-Fluss, Reisfeldern und *minka* geprägt ist, wird wiederholt wie folgt beschrieben:

> The region's agricultural tradition spends 1500 years of connection with the land. Even today, we can see traditional Japanese *satoyama* landscapes of canals and rice fields that inspire rich nostalgia. (ETAT Promotion Video 2014: 1:43–1:59)

Der Ausdruck *satoyama* wird in englischsprachigen Veröffentlichungen meist mit „agricultural landscape" übersetzt und generell als ein forstwirtschaftlich genuztes Areal am Fuße eines Berges verstanden. Zwar wurde *satoyama* bereits in einem wissenschaftlichen Text zur Waldbewirtschaftung Japans aus dem Jahr 1759 und während der späteren Edo-Zeit im täglichen Sprachgebrauch lokaler Gebiete verwendet (Knight, C. 2010: 423). Allerdings dauerte es bis 1989, ehe der Ausdruck erstmals in japanischen Wörterbüchern übernommen und anfangs nur knapp als „Wald in der Nähe von [...] Siedlungen" (Klopfenstein 2009: 727) kommentiert wurde. Während man im wissenschaftlichen Kontext zunächst noch auf der Definition eines „siedlungsnahen Nutzwaldes" (ebd.: 728) beharrte, sprach man dem Ausdruck innerhalb populärkultureller Medien in Japan bereits früh ein deutlich weiteres Bedeutungsfeld zu: Spätestens seit Ende der 1990er Jahre lässt sich in japanischen Wörterbüchern die Umschreibung *satoyama* als *nihonjin no genfūkei* („Urlandschaft der Japaner") finden (ebd.: 730). In derzeitigen politischen, wissenschaftlichen sowie touristischen Kampagnen in Japan wird der Begriff demnach symbolisch neu aufgeladen und als Sinnbild einer „ursprünglichen japanischen Heimat" auf dem Land präsentiert (Knight, C. 2010; Meli 2011).

Die Auffassung einer „traditionellen" japanischen Kultur- bzw. Agrarlandschaft, die bei Japanern eine nostalgische Rückerinnerung an vorindustrielle, idyllischere Zeiten hervorruft, ist nicht etwa eine Entwicklung der letzten Jahre. Bereits in den 1970er Jahren trat vor allem in Bevölkerungsteilen japanischer Großstädte das Phänomen auf, ein starkes Interesse an „japanischen Traditionen" und „Bräuchen aus vergangenen Tagen" zu entwickeln. Zur Zeit dieses sogenannten „Retro-Booms" lässt sich insbesondere eine Rückbesinnung auf konservative Werte ausmachen, die den gemeinschaftlichen Zusammenhalt in der Landbevölkerung und das „ursprüngliche" Landleben in Japan hervorheben (Knight, C. 2010: 436). Ländliche Gebiete werden nach wie vor als ein malerischer, friedlicher Ort im Kontrast zur Großstadt rezipiert (Meli 2011: 319). Adrian Favell beschreibt das ETAT-Marketing und Kitagawa Frams Weltanschauung daher treffend als eine „anti-urban philosophy" (Favell in Kitagawa 2014: 150), die einen komplizierten Mix aus „soft traditionalism and sharp political critique" (ebd.) darstelle. Für Kitagawa Fram symbolisiert *satoyama* demnach nicht nur eine Einheit der „Japaner" mit der Natur[3], sondern einen verlorenen Sinn für ländliche Traditionen in der urbanen Bevölkerung (ebd.). Die Attraktivität der Region Echigo-Tsumari soll durch eine Verdeutlichung der „Schattenseiten" der Globalisierung, wie Kapitalismus, Urbanisierung und die menschliche Isolation in Metropolen wie Tōkyō, hervorgehoben werden:

---

[3] Konzepte, die eine ursprüngliche Naturverbundenheit der „Japaner" oder die „Japanizität" der in ländlichen Gebieten lebenden Bevölkerung vertreten, existierten bereits in der Meiji- und Taishō-Zeit. So vertrat der japanische Literaturkritiker Okuno Takeo die These, dass alle „Japaner" traditionell Landwirte bzw. Bauern und unterbewusst „collectively imprinted with the image of farm (paddy) villages and their environs" (Robertson 1988: 504) seien.

It is hard to believe that the life of a modern person consists of anything but the loneliness of a solitary buoy [...]. Our emotions and sensitivity, capable of anything from the sublime heights to the gloom of the deep sea, are all locked up in the heart mark or the vibration of the cell phone. [...] The city people have begun to seek out "a new home". (ETAT Katalog 2009: 11)

Urbanen Adressaten wird durch die Verwendung bestimmter Phrasen, die durch die bildreiche Sprache ein nahezu bedrohliches Bild des Stadtlebens zeichnen, die Dringlichkeit suggeriert, sich mit ihren „städtischen Werten" kritisch auseinander-zusetzen. Hinsichtlich der Darstellung von *satoyama* als eigens „japanische" Tradition wird auf der anderen Seite das statische Bild vermittelt, als hätten die Anwohner Echigo-Tsumaris ihr ganzes Leben nichts anderes getan, als die umliegenden Felder besagter Landschaft zu bestellen:

They have been quietly and patiently cultivating in this mountainscape without pretentions, harvesting rice and vegetables and supporting one another. They have been neglected in the national drive toward efficiency, and they don't have ways to express their anger at the situation. (Kitagawa 2014: 14)

So wird im ETAT-Material zwar explizit auf Probleme wie Entvölkerung und den Rückgang wirtschaftlicher Einnahmequellen in der Region aufmerksam gemacht, jedoch bleibt eine weiterführende Thematisierung der Ursachen dieser Entwicklungen aus. Hierzu gehören u. a. auch die Kehrseite des arbeitsaufwändigen Alltags und die zumeist veraltete bzw. in ökonomischer Hinsicht weniger produktive Bodennutzung bei der Bestellung von *satoyama* (Knight, C. 2010: 434 f.). Stattdessen ruft Kitagawa urbane Rezipienten dazu auf, sich auf „alte japanische Werte" zu besinnen und sich in den Zustand des „Daseins in der Natur" zurückzubegeben: „Symbols and virtual worlds have replaced the real in human relationships. Our lives are no longer rooted in the earth." (ETAT Katalog 2000: 22). Die wertende Gegenüberstellung von Land- und Stadtleben soll auch dem häufig genannten Kritikpunkt der Weitläufigkeit des Festivals entgegenwirken: Auf der beschwerlichen Reiseroute zu den Kunstwerken sollten Besucher dazu angehalten werden, Rast zu machen, lokale Speisen zu sich zu nehmen und mit den Anwohnern zu interagieren. Die „Ineffizienz" in Bezug auf das Reiseerlebnis und die Wirtschaftlichkeit der ETAT sei so ein Schlüsselaspekt des Festivals, das Besuchern ein Kontrastprogramm zur urbanen Routine biete. Dieses „Slow Art"-Konzept sei es, was den Reiz des Kunstfestivals ausmache (Favell in Kitagawa 2014: 159).

Im Rahmen eines Forschungsaufenthalts im Jahr 2015 konnte wiederum beobachtet werden, dass vor allem die Ausstellung zeitgenössischer Kunst innerhalb einer sehenswerten Landschaft als Kernattraktion des Kunstfestivals gilt. Sowohl Besucher als auch Anwohner und freiwillige Helfer fassen Echigo-Tsumari nicht etwa als nostalgischen Rückzugsort vom städtischen Stress, sondern vielmehr als Ort der Unterhaltung auf, den sie mit „Ausgelassenheit, Unbekümmertheit [und] [...] Kreativität" (Klien 2009: 233) verbinden. Diese Themen werden gemäß den Beobachtungen von Klien im ETAT-Werbematerial passend aufgegriffen, indem durch die Abbildung von Kunstwerken ein konkreter Ortsbezug hergestellt und die Destination distinktiv in Szene gesetzt wird (ebd.: 233 ff.). Das genannte Stichwort der „Kreativität" bildet dabei ein wesentliches Merkmal, das den bisherigen Erfolg des Kunstfestivals begünstigt: Kreativität im Sinne schöpferischer Tätigkeiten ist nach Greg Richards zu einem wichtigen Faktor effektiver Marketingstrategien geworden, bei dem Städte und Regionen mittlerweile nicht nur das Konsumverhalten von Besuchern, sondern gleichzeitig deren Bedürfnisse nach Abenteuer, Andersartigkeit und Spaß bedienen müssen (Richards 2011: 1231). „Creative Tourism" wird als neue Unterform des Kulturtourismus definiert, die Besuchern die Möglichkeit bietet, durch die Teilnahme an Workshops oder Sprachkursen vor Ort ihr „eigenes kreatives Potenzial" zu entdecken (ebd.: 1237). Sie gewinnen durch Kooperationen mit der Lokalbevölkerung den Eindruck, unmittelbar in den ländlichen Alltag integriert zu sein und vor Ort „authentische" Erfahrungen sammeln zu können (ebd.: 1237). Außerhalb akademischer Definitionen ist die Frage nach „Authentizität" gemäß Cohen vom sozialen Kontext abhängig und „verhandelbar" (Cohen 1988: 374). Für Touristen sei es in den meisten Fällen daher gar nicht so wichtig, ob und inwieweit das Dargebotene wirklich „authentisch" ist (ebd.: 379):

[F]or the success [...] a great deal of make-believe, on part of both performers and audience, is necessary. They willingly, even if often unconsciously, participate playfully in a game of "as if," pretending that a contrived product is authentic, even if deep down they are not convinced of its authenticity. (ebd.: 383)

Der Fokus erfolgreichen Tourismusmarketings hat sich somit dahingehend verlagert, als dass Reisenden „unterschiedliche Möglichkeitsräume der individuellen und sozialen Verortung" (Wöhler 2011: 33) bereitgestellt werden müssen, in denen sie etwas „über sich selbst" lernen können. Durch das Angebot kreativer und als authentisch inszenierter Erlebnisse sticht das Reiseziel so als „einzigartig" aus der Masse an möglichen Destinationen hervor (ebd.: 122 ff.). Im Falle der ETAT ist dies, wie Klien (2009) treffend herausstellt, die Ausstellung und „Eventisierung" (Wöhler 2011: 165 f.) zeitgenössischer Kunst, die gemeinsam mit Künstlern und der Lokalbevölkerung inmitten einer „authentischen" *satoyama*-Landschaft umgesetzt wird. Das Angebot, sich an Kunstprojekten beteiligen und innerhalb einer beeindruckenden Landschaft diverse Kunstwerke ansehen zu können, stellt im Falle der ETAT ergo ein bereits ausreichendes Alleinstellungsmerkmal dar, um sich für potenzielle Besucher als lohnenswerte Destination zu präsentieren. Die im ETAT-Material aufgegriffene idealisierende Konstruktion einer „japanischen Identität" und Vergangenheit auf dem Land übergeht hingegen weiterführende Diskussionen zu den aktuell vorherrschenden Problemen ländlicher Regionen in Japan. Kein noch so ausgeprägtes Marketing kann demnach auf Dauer verhindern, dass Anwohner sich aufgrund des Arbeitsaufwandes und der wirtschaftlichen Verarmung zunehmend vom eigenen Wohnort entfremden (Knight, C. 2010: 434 ff.).

In Anbetracht der bisherigen Ergebnisse steht zur Diskussion, ob sich die Lokalbevölkerung Echigo-Tsumaris mit der Vermarktung ihrer Region als Garant echter „Japanizität" langfristig zu identifizieren vermag. Sicherlich weisen der aktuelle Diskurs und die Beliebtheit kreativer Projekte darauf hin, dass ein stetig wachsendes Interesse daran vorherrscht, sich mit dem Zustand ländlicher Regionen in Japan auseinanderzusetzen. Die Problematik der Nutzung von Ökotourismus zur Revitalisierung ländlicher Region besteht generell darin, die richtige Balance zwischen

den Maßnahmen für einen notwendigen wirtschaftlichen Gewinn und den Bedürf-
nissen der Anwohner hinsichtlich der Auswirkungen auf ihren Lebensraum zu finden. Zwar gab es bisher zur Interaktion mit urbanen Besuchern und der Einbindung
in Kunstprojekte bei der ETAT viel positive Resonanz, jedoch erscheint es wichtig,
die Standpunkte und Hoffnungen der Involvierten selbst – insbesondere hinsichtlich des langfristigen Erfolgs des Projektes – zu beleuchten.

4. Perspektive der Involvierten

Während eines Forschungsaufenthalts im Frühjahr 2014 wurden mit den freiwilligen Helfern der *kohebi tai*, NPO-Mitarbeitern und Anwohnern in Echigo-Tsumari
mitunter drei problemzentrierte Leitfadeninterviews geführt, deren Ergebnisse im
Folgenden zusammenfassend vorgestellt werden. Einleitend wurden Angaben zur
Person und persönlichem Kunstinteresse erfragt, ehe Themen wie Hintergründe
zum Zustand und Leben in der Region, *satoyama* und die Einstellung der Anwohner zu den Kunstwerken angesprochen wurden. Anschließend wurden die Interviewpartner zu ihrer Einschätzung des Wirkens der Triennale, möglichen Verbes-
serungsvorschlägen und persönlichen Wünschen für die Zukunft des Kunstfestivals
befragt.

4.1 *Kohebi tai*

Die Gruppierung der *kohebi tai* wurde im Dezember 1999 gegründet, ein halbes
Jahr vor der erstmaligen Veranstaltung der Triennale (Klien 2010a: 156). Während
die Gruppe zu Anfang aus einigen Kunststudenten bestand, hat sich die Bandbreite
ihrer Mitglieder im Verlauf der Jahre, mit im Jahr 2012 bereits rund 1.250 regist-
rierten Personen, erheblich erweitert (ETAT Website 2016). So zählen auch ältere
Regionsanwohner, einige Vorsitzende des NPO-Staffs und engagierte Berufstätige
aus den Großstädten zu den Mitwirkenden. Während Koordination und Organisation für bevorstehende Events, bei denen die Gruppe aushilft, primär von der AFG
in Tōkyō und der „NPO Echigo-Tsumari Satoyama Collaborative Organization" in
Niigata initiiert werden, gibt die *kohebi tai* an, keine weitere hierarchische Struktur

zu besitzen.[4] Die Gruppenmitglieder verstehen sich nicht als ehrenamtlich engagierte „Volunteers", sondern eher als einfache „Supporter", für die insbesondere die Freude am Kontakt mit den Anwohnern und der Arbeit an den Kunstwerken im Mittelpunkt des Interesses stehen (Art It Website 2009). Durch die Interaktion mit den meist älteren Anwohnern leisten die Mitglieder der Gruppe einen großen Beitrag zur regionalen Akzeptanz des Festivals. Vornehmlich aus der Großstadt stammenden, jungen Helfern biete sich durch solche Zusammentreffen im Gegenzug die Möglichkeit, Erfahrungen mit Menschen aus einer älteren Generation und mit anderen Lebensumständen auszutauschen (ebd.).

Dieser Meinung ist auch der Interviewpartner Akira[5], welcher zum Interviewzeitpunkt 23 Jahre alt ist, aus Tōkyō stammt und dort gerade seinen Universitätsabschluss gemacht hat. Er ist Berufseinsteiger, seit fast vier Jahren bei der *kohebi tai* aktiv und interessiert sich seit jeher für moderne Kunst. Durch seinen Vater hatte er erstmals von der ETAT und den Aktivitäten der *kohebi tai* erfahren, was ihn als Studienanfänger dazu bewegte, der Gruppe nach erstmaligem Besuch der Triennale schließlich beizutreten. Aufgrund seiner langjährigen Mitgliedschaft und seines Engagements übernimmt Akira mittlerweile viele organisatorische Aufgaben, u. a. die Auswertung der Mitgliederumfragen, Betreuung der Website und die Erstellung des *kohebi*-Newsletters. Er versteht die ETAT vor allem als geeignete Plattform des Austausches („*kōryū*") – der ertragreichste Aspekt der Triennale besteht für ihn in der Formung neuer Beziehungen zwischen lokalen Anwohnern, Menschen aus der Stadt und ausländischen Besuchern. Nach seiner Ansicht sei es durch die ETAT so zwar nicht zu großen wirtschaftlichen Verbesserungen, jedoch zur Bildung eines

---

[4] Während der Forschungsaufenthalte fiel allerdings auf, dass einige, die schon seit mehreren Jahren in der Gruppe aktiv sind, durchaus die Anleitung neuer Mitglieder und die Organisation sowie Umsetzung geplanter Projekte übernehmen. Die Partizipation beruht dabei auf unvergüteter, freiwilliger Basis, wobei die Aushilfe während der Projekte mit vergünstigten Preisen für Unterkunft und Verpflegung verbunden ist.

[5] Die Namen aller Interviewpartner wurden aus Gründen der Anonymisierung geändert. Die Interviews wurden zudem auf Japanisch, auf Wunsch von Akira zum Teil auch auf Englisch, geführt.

„Selbstbewusstseins" für die eigene Region gekommen, bei dem die Anwohner insbesondere von der Interaktion mit Menschen aus der Stadt profitieren. Dem Ein-
wand, dass die Anwohner der Ausstellung moderner Kunst nach wie vor skeptisch
gegenüberstehen, setzt er entgegen, dass für die Partizipation an den Projekten –
und den damit einhergehenden Effekt für das Image der Region – im Grunde kein
näheres Verständnis der Kunstwerke notwendig sei: „I think, they noticed, they
don't have to understand it [...]. So it's not so important." Trotz dieser positiven
Grundeinstellung zu den Aktivitäten der Triennale verweist Akira auch auf Probleme und einige verbesserungswürdige Aspekte. Ein längerer Teil des Interviews
widmet sich der Diskussion um die mangelnden Bildungsangebote in der Region,
die vor allem junge Anwohner dazu bewegt, in Großstädte wie Tōkyō zu ziehen.
Akira führt dieses Problem zum einen auf die Zentralisierung und Prestigeorien-
tierung an japanischen Universitäten in den Metropolen zurück, zum anderen aber
auch darauf, dass Kultur- und Freizeitangebote in ländlichen Regionen oftmals zu
kurz kommen:

> I think living in Tōkyō is very important for our spare time, we have a lot of Art Museums
> and Science Museums, and other cultural properties. It's very easy to learn or study things.
> [...] I think Tōkyō is more convenient for education.

Hierzu steht er dem *chiikizukuri*-Konzept der Triennale, welches den Austausch
zwischen Land- und Stadtbevölkerung fördern und auf lange Sicht die Einrichtung
neuer Kultur- und Bildungsangebote begünstigen könnte, durchaus positiv gegenüber. Dennoch ist Akira der Meinung, dass für die Einwohner selbst konkretere
Maßnahmen als ein Kunstfestival notwendig sind, um die ins Stagnieren geratene
Wirtschaft der Gegend wiederbeleben zu können: „Work is very important, but art
festivals have a not so large effect for local businesses. So, it's effective, but not so de-
finite, with everything." Obwohl die eingangs dargelegten *chiikizuri*-Pläne der ETAT
vorsehen, sich möglichst nicht „auf Berater bzw. Kommissionen" zu verlassen, ist
nach Ansicht Akiras ein Fortbestehen des Kunstfestivals ohne Kitagawa Fram äußerst problematisch. Da die örtlichen Angestellten und NPO-Mitarbeiter nicht die

nötigen Kontakte zu Künstlern vorweisen könnten, sei der Art Director mit seinen Beziehungen zur kommerziellen Kunstwelt für die Triennale unentbehrlich. Auf lange Sicht sei es für die Fortführung der ETAT weiterhin notwendig, mehr externe Investitionen und Spenden von Unternehmen einzuholen. Dies erweise sich allerdings nicht nur aufgrund der schwachen gesamtwirtschaftlichen Lage, sondern besonders wegen des mangelnden Interesses als große Herausforderung:

> In my opinion, Japanese companies are very conservative and also the Top Mangement is not familiar with Art, this kind of Art, so they are not willing to support this project. [...] For a company, Echigo-Tsumari is not so attractive. It's not so attractive because it's not so popular.

Akira beharrt dennoch, dass das Kunstfestival in seiner jetzigen Form aufrechterhalten werden müsse, um den Kontakt zwischen der Region und Tōkyō weiter ausbauen und einen auf Dauer auch ökonomischen Beitrag für die Region leisten zu können. Kitagawa spiele hierfür eine entscheidende Rolle, die derzeit von niemand anderen übernommen werden könne. Hierzu werden an einigen Stellen der *kohebi tai*-Mitgliederumfrage allerdings Stimmen laut, welche die bisherigen Entwicklungen der Triennale, insbesondere in Bezug auf das Mitwirken des Art Directors, kritischer auffassen:

> Die Gewohnheit der Regionsanwohner an das Kunstfestival sowie die Bereitschaft zur Teilnahme haben sich beträchtlich entwickelt. Allerdings hat sich mittlerweile eine gewisse Kultur ,verwurzelt', in der zu sehr auf andere gebaut wird. Das Verhalten, nur auf die NPO und Fram zu vertrauen, ist problematisch. Die anfängliche Vision war es, dass die Region selbst nachdenkt und ein Kunstfestival etabliert, bei dem die Anwohner selbst handeln. (männlich, freier Mitarbeiter, in den 30ern; seit 2000 Mitglied) (Auszug aus einer *kohebi tai*-Mitgliederumfrage 2014, e. Ü.)

Es verwundert nicht, dass sich im Verlauf der regelmäßigen und aktiven Teilnahme vor allem unter langjährigen *kohebi tai*-Mitgliedern ein gewisses Problembewusstsein einstellt, bei dem sie sich sehr viel reflektierter mit der eigenen Rolle als Mitwirkende auseinanderzusetzen beginnen. Dies gilt im besonderen Maße für Akteure, die sich während der vergangenen Jahre ein differenzierteres Bild von der Organisation des Kunstfestivals und der Situation der Anwohner machen konnten.

4.2 NPO-Mitarbeiter

Kaori ist in einem Dorf in der Nähe Tōkamachis geboren und zum Zeitpunkt des Interviews 29 Jahre alt. Als Hochschülerin erfuhr sie erstmals von den Aktivitäten der ETAT und engagierte sich zunächst ebenfalls als freiwillige Helferin, ehe sie seit Oktober 2013 bei der „NPO Echigo-Tsumari Satoyama Collaborative Organization" in Tōkamachi eine Vollzeitanstellung antrat. Ihre Motivation zur Teilnahme bestand darin, sich in etwas Neuem ausprobieren zu wollen und sich zeitgleich für das Wohl ihrer Heimatregion zu engagieren. Unter den Mitarbeitern vor Ort zählt sie zu den jüngsten und ist primär für die Betreuung der *kohebi tai* und der Organisation kleinerer Projekte, wie dem jährlichen *Yuki no Undōkai*, zuständig. Für Kaori besteht die größte Errungenschaft der Triennale in den neuen zwischenmenschlichen Beziehungen und der Kommunikation, wie sie Akira zur Sprache bringt: „Ich dachte, dass das Wichtigste die Beziehung zwischen den Menschen, die Kommunikation ist." (e. Ü.). Die Veranstaltung der ETAT sei gerade zu Anfang forciert gewesen, wobei nach und nach immer mehr Anwohner Interesse am Projekt entwickelt hätten. Die ETAT sollte daher nicht als eine vorübergehende Aktion, sondern als langfristiger Bestandteil der Region geplant werden – u. a. auch, weil die Arbeit an den Kunstwerken bisher viel Zeit für Vorbereitung und Instandhaltung in Anspruch genommen hat. Das Hauptziel ihrer und der Bemühungen anderer Mitarbeiter bestehe primär darin, die Kommunikation zwischen den Akteuren weiter auszubauen und zu festigen. Die Kunstwerke selbst dienten hierbei als „Auslöser" („*kagakuhannō*") bzw. „Katalysator", wie es auch in den *chiikizukuri*-Plänen der ETAT definiert wird:

> Da in vielen ländlichen Gebieten Regionsaktivitäten mithilfe von Kunst veranstaltet und die Regionen immer größer werden, denke ich, dass Kunst Menschen miteinander verbindet. Und diese Erkenntnis, dass Kunst als ‚Material' bzw. ‚Bindeglied' genutzt werden kann, verbreitet sich weiter. (e. Ü.)

Die junge ETAT-Mitarbeiterin ist zuversichtlich, dass die Triennale auf lange Sicht eine Art „Kettenreaktion" auslösen kann. Durch die Teilnahme von jungen und älteren Akteuren würde die Region nach und nach zu einem Ort werden, an denen sich Menschen verschiedener Herkunft versammeln, miteinander kommunizieren und austauschen. Durch die gemeinsame Arbeit an den Kunstwerken werde wiederum auch die Landschaft bereichert, was Besucher dazu bewege, Interesse an der Kultur, lokalen Speisen und den Anwohnern selbst zu entwickeln. Auf lange Sicht gebe es im Idealfall immer mehr Gäste, die den Wunsch verspüren, die Region nicht nur wiederholt zu besuchen, sondern sich langfristig in dieser niederzulassen. Die Ausstellung sei als Anlass („*kikake*") zu verstehen, um Echigo-Tsumari besser kennenzulernen, wobei die ausgestellte Kunst als „Werkzeug" („*tsūru*") diene, um die Gegend für potenzielle Anwohner attraktiver zu machen und sie in ihrer Entwicklung weiter voranzubringen. Letztendlich würde Echigo-Tsumari so nicht nur als eine Touristen- bzw. Urlaubsregion, sondern als ein lebenswerterer Ort Bekanntheit erlangen.

Kaori gesteht allerdings ein, dass sie selbst nicht genau einzuschätzen vermag, ob und inwiefern das Konzept einen langfristigen Erfolg mit sich bringen wird. Die Triennale genieße mittlerweile zwar durch diverse Zeitungs- und TV-Berichte einen gewissen Bekanntheitsgrad, jedoch könne es sein, dass sich dieser im Verlauf der nächsten Jahre verändern oder sogar abschwächen wird. Um eine dauerhafte „Revitalisierung" der Gegend voranzutreiben, sei es daher die Aufgabe der ETAT-Mitarbeiter und letztendlich der Regionsanwohner selbst, die aktuelle Popularität des Kunstfestivals für sich anzunehmen und weiterzuentwickeln. Statt einer „Verbesserung" („*kaizen*") der in der Region anzutreffenden Umstände gehe es ihr vielmehr um eine „(Weiter-)Entwicklung" („*tenkai*"), bei der das vielseitig interpretierbare ETAT-Motto „humans embraced by nature" (ETAT Website 2018) eine entscheidende Rolle einnehme:

> Das Motto, dass Menschen von der Natur umgeben sind, ist sehr abstrakt [...]. Ich denke, dass unsere Aufgabe von nun an darin besteht, zu entscheiden, wie wir die Herausforderungen vor Ort angehen wollen. (e. Ü.)

Wichtig sei hierfür, dass die Umgebung trotz der willkommenen Besucher ein „Lebensraum" („*seikatsuchi*") bleibe und von Touristen selbst auch weiterhin als solcher wahrgenommen werde. Laut eigener Aussage hat sie schon des Öfteren von Mitgliedern der *kohebi tai* gehört, dass sich diese im Verlauf ihrer Aufenthalte mittlerweile durchaus vorstellen könnten, sich auf lange Sicht in der Region niederzulassen und für die Triennale zu arbeiten. Momentan zählten zu diesen jedoch häufig eher diejenigen, die bereits in der Region geboren und aufgewachsen sind, während sogenannte „Newcomer" aus der Stadt die Ausnahme bilden.

Trotz der von Kaori beobachteten Tendenz, dass immer mehr Menschen zum Handeln und der Teilnahme am Kunstfestival motiviert erscheinen, habe die Triennale allerdings nach wie vor kaum Einfluss auf den Alltag der Anwohner. Die Kunstwerke würden nicht zwingend als lästig, sondern eher als „Fremdkörper" („*ibutsu*") wahrgenommen werden. Im Verlauf der letzten 15 Jahre habe sich eine gewisse „Gewöhnung" seitens der Ortsansässigen eingestellt, bei der die Objekte „wie selbstverständlich" („*atarimae*") in der naturbelassenen Landschaft anzutreffen sind. Bei genauerer Betrachtung liegt jedoch hierin das für eine weitreichende Partizipation an den ETAT-Aktivitäten bisher noch große Hindernis: Für die bereits in den Projekten involvierten Anwohner, welche die *matsuri* mitorganisieren oder Kunstwerke betreuen, bestehe durchaus ein gewisser Bezug, bei dem sich viele umso mehr bei der Koordination und Planung der ETAT engagieren. Jedoch mangele es bei der Mehrheit der Ortansässigen noch immer an Möglichkeiten, sich mit den Projekten und Institutionen der ETAT zu identifizieren: „Weil die Leute von hier bisher noch nicht das Gefühl haben, dass die Triennale zu ihnen gehört." (e. Ü.). Zu den meisten Events, wie dem *Yuki no Undōkai*, kämen demnach noch immer eher Besucher und Teilnehmer von außerhalb, nicht aber die Ortsansässigen selbst. Während die Veranstalter nach Auffassung Kaoris versuchen, nicht nur für das Kunstfestival, sondern gleichzeitig für das Leben in der Region zu werben, gestalte es sich derzeit noch schwierig, den Anwohnern diese Zielsetzung auch ins Bewusstsein zu rufen. Dies stelle sich bisher als langwieriger Prozess dar, bei dem die Gefahr droht, dass die raschen Entwicklungen der Überalterung und Landflucht den Revitalisierungsplänen zuvorkommen: „Wenn wir, sowohl die Menschen in Matsudai als auch aus Matsunoyama, die Triennale weiterhin nicht akzeptieren, kann es sein, dass die Städte allmählich verschwinden." (e. Ü.). All dies sei gemäß Kaori letztendlich auf den Umstand zurückzuführen, dass die Region bzw. ihre Anwohner an Zukunftsperspektive verloren haben. Kaoris Plan für die Zukunft besteht darin, sich weiterhin verstärkt für eine ausgewogene Balance zwischen dem Wachstum der Tourismusangebote und den Interessen der Ortsansässigen zu engagieren. An dieser Stelle bleibt jedoch offen, ob die fortwährende Planung neuer, in Kaoris Augen interessanterer Projekte allein ausreicht, um das gewünschte Ziel einer weitreichenden Bürgerpartizipation zu erreichen. Vielmehr scheinen die aktuellen Probleme nicht mit den Kunstobjekten, sondern deren aufwändiger Organisation, Instandhaltung und Finanzierung verbunden zu sein.

4.3 *Kinare*

Ebenso wie Kaori ist Ayano in Tōkamachi geboren und aufgewachsen. Sie ist Anfang 40 und Mutter zweier Söhne, die derzeit in Tōkyō studieren und arbeiten. Zum Interviewzeitunkt ist sie seit zwei Jahren als Museumsangestellte im „Echigo-Tsumari Satoyama Museum of Contemporary Art *Kinare*" tätig und die meiste Zeit für die Rezeption, den Auf- sowie Abbau der Kunstwerke und die Besucherbetreuung zuständig.

Am heutigen Standort des *Kinare*-Museums existierte früher ein Gebäudekomplex zur Kimono-Herstellung, für die Echigo-Tsumari bis vor ca. zwanzig Jahren noch landesweit berühmt war. Das Geschäft genoss lange Zeit hohes Ansehen, musste aber aufgrund des schwachen Absatzes Insolvenz anmelden. Einhergehend mit dem Umzug in die Bahnhofsstraße Tōkamachis kam es zu erheblichem Stellenabbau, wodurch viele, darunter auch Ayano, ihre Anstellung verloren. Der alte Gebäudekomplex wurde abgerissen und mit dem Neubau ab 2003 bis zur Fertigstellung 2012 durch das zeitgenössische Kunstmuseum *Kinare*[6] ersetzt. Da sie in-

---

[6] In den oberen Geschossen werden hier seitdem Werke ausgestellt, die thematisch die Natur, das Klima und die Landschaft Echigo-Tsumaris aufgreifen. Neben den Museumsräumen wurden noch ein Café, ein Museumsshop sowie die lokale FM Radio Station „FM Tōkamachi" eingerichtet (ETAT Website 2018).

folge des Chūetsu-Erdbebens 2004 ihr Haus verlor, wurde Ayanos Familie in einer der Notunterkünfte bei der *Kinare* untergebracht, wodurch sie erstmals mehr über die Aktivitäten der ETAT erfuhr. Ausgelöst durch die Zerstörungen des Erdbebens begannen in dieser Zeit vor allem junge Anwohner verstärkt damit, sich für ihr zukünftiges Leben in Richtung Großstadt zu orientieren und die Region zu verlassen. All diese Umstände motivierten Ayano schließlich dazu, sich als Mitarbeiterin bei der ETAT zu bewerben:

> Mir ist es sehr im Gedächtnis geblieben, wie sich die Kinder zu dieser Zeit verändert haben. Als es 2002 schließlich diesen Push-Faktor gab, hatte ich das Gefühl, dass ich ja mal versuchen kann, zu helfen. Deshalb bin ich dann bei der *Kinare* eingestiegen. (e. Ü.)

Im Rahmen ihrer Tätigkeit hat Ayano den Eindruck gewonnen, dass sich die Veranstalter und Künstler vermehrt darum bemühen, einen Bezug zwischen dem Kunstfestival und der Region herzustellen. Die Triennale habe bei ihr selbst nicht nur ein tieferes Verständnis für moderne Kunst, sondern auch eine Wertschätzung für die Landschaft bewirkt:

> Da ich selbst immer nur im Zentrum Tōkamachis gewohnt habe, war ich von der außergewöhnlichen Geschichte der im *satoyama* lebenden Menschen sehr bewegt. [...] Ich habe dieses Erbe, die Wärme und die Mannigfaltigkeit, aber auch die Härte des Alltags der Menschen von hier nachempfinden können. Ich möchte die Anwohner wissen lassen, dass ich diese Dinge nicht zerstören, sondern viel mehr darüber wissen will. (e. Ü.)

Der in der Umgebung anzutreffende „Segen der Natur" („*shizen no megumi*") beschränke sich jedoch vornehmlich auf die Sommermonate, weshalb die meisten Besucher wohl vom starken klimatischen Kontrast im Winter vom Leben in der Region abgeschreckt werden. Die Museumsmitarbeiterin selbst empfindet hingegen gerade aufgrund dieser Umstände große Bewunderung für die im *satoyama* lebenden Menschen, deren Lebensstil sie als wichtigen Teil der Regionsgeschichte beschreibt, den es zu bewahren gelte. Ihre Bitte an Besucher ist es, die ETAT als ein neues Wagnis der Region anzusehen und den Alltag der hier lebenden Menschen auf sich wirken zu lassen. Nur so könnte man schließlich erkennen, dass das Leben in der Region nicht nur mühselig, sondern sehr vielfältig und ergiebig sein kann.

Um diesen Zugang zur Region und den Werken zu ermöglichen, sei es jedoch unabdingbar, die Transportmöglichkeiten und öffentlichen Verkehrsanbindungen, vor allem für die Wintermonate, weiter auszubauen. Im Interview beklagt Ayano insbesondere die hohen Fahrtkosten und Umstände, unter denen es Besuchern ohne Auto kaum möglich ist, berühmte Kunstwerke oder Landschaften zu besichtigen: „Obwohl es so viele gute Kunstwerke gibt, kommen die Besucher hierher und können meistens gar nicht zu den übrigen Ausstellungsorten gehen." (e. Ü.). Zur selben Zeit mangele es in den ETAT-Einrichtungen und Informationszentren an Möglichkeiten, um sich ausreichend über Abfahrtspläne oder Kosten für Transport und Übernachtung zu informieren. Ayanos mitunter größte Sorge widmet sich weiterhin dem Umgang mit den freiwilligen Helfern der *kohebi tai*, ohne deren Hilfe die Veranstaltung der Triennale ihrer Ansicht nach gar nicht möglich wäre. Den Beobachtungen der Museumsmitarbeiterin zufolge werde sich vonseiten der Veranstalter oftmals allzu sehr auf die Hilfe der *kohebi tai* gestützt, sodass die Gefahr besteht, dass die derzeit bereits starken Fluktuationen in der Gruppierung in Zukunft noch weiter ansteigen. Letztlich sei die Instandhaltung einiger Kunstwerke infolge des Personalmangels vor Ort mitunter so zeitaufwendig und mühsam, dass Werke, die eigentlich als permanente Installationen geplant waren, mit der Zeit trotzdem verfallen. Nach Ansicht Ayanos sollten folglich vor allem die Umstände für die Mitwirkenden verbessert werden.

Auch laut Ayano habe es einige Zeit gedauert, bis die Ortsansässigen eine Akzeptanz für die zeitgenössischen Kunstobjekte entwickeln konnten. Statt die Umgebung mit moderner Kunst zu „schmücken" und sie den Anwohnern gewissermaßen aufzudrängen, empfindet sie es als wichtig, Ortsansässige mit den Werken schrittweise vertraut zu machen. Dies sei bisher vor allem durch die Wiederholung des Festivals begünstigt worden, weshalb die Kunstwerke zwar noch immer als befremdlich empfunden, jedoch sehr viel offener angenommen werden. Allerdings sind die Reaktionen, welche anfangs noch von Ablehnung oder Neugierde bestimmt waren, mit der Zeit durch eine übermäßige Gewöhnung ersetzt worden, die bisweilen in Desinteresse mündet:

> Das ist sehr traurig. Die Bewunderung für die Kunstwerke verblasst allmählich. Aber die Künstler machen trotzdem immer noch tolle Werke. [...] Aber ich denke, dass das so erwartungsgemäß eine Riesensumme kosten wird. Derzeit ist es so, dass sich die Anwohner an die Werke, die da sind, nun mal gewöhnt haben. (e. Ü.)

Anwohner, die bisher nicht in die Aktivitäten involviert sind, nehmen die Kunstausstellung noch immer als fremde Angelegenheit wahr, die keinen Einfluss auf ihren Alltag ausübt. Die Passivität der Ortsansässigen begründet Ayano vor allem in der Skepsis gegenüber den Budgetplanungen und der Künstlerauswahl für das Festival. Zwar empfindet sie es als bedauerlich, dass viele Anwohner bislang ausschließlich daran interessiert zu sein scheinen, wie viel ein neues Kunstwerk genau kosten wird. Allerdings kann sie das vorherrschende Misstrauen nachvollziehen. Zum einen gebe es seit der ersten Triennale noch immer keine Klarheit darüber, in welchem Maße öffentliche Gelder bzw. Steuern in das Projekt einfließen. Da von den beantragten Geldsummen zur Erstellung der Werke bekanntlich auch die Existenz der Künstler (*„ātisto no shikatsumondai"*) abhängt, gebe es zum anderen eine Vielzahl hierarchischer Beziehungen, bei denen stets neue Künstler herangezogen und mit Projekten betraut werden, ohne mit den Ortansässigen konkret Rücksprache zu halten. Selbst sehr involvierte Anwohner wüssten oftmals nicht, was als nächstes künstlerisch umgesetzt werden soll.

Ebenso wie Kaori und Akira ist Ayano davon überzeugt, dass infolge noch konkreterer Maßnahmen, wie beispielsweise der Etablierung von Einrichtungen mit Kunstbezug, nach und nach wieder mehr junge Menschen in die Region ziehen werden. Ihr entsprechender Wunsch ist es, mithilfe der ETAT einen ausbalancierten wirtschaftlichen Aufschwung einzuleiten, in dessen Rahmen sich die Region und ihre Bewohner noch mehr für potenzielle Besucher öffnet. Allerdings sieht die Museumsangestellte vor allem in Hinblick auf die kooperative Planung, Instandhaltung und Zugänglichkeit der Kunstwerke ein großes Verbesserungspotenzial beim Kunstfestival, welches aufgrund der bisherigen Organisation seitens nicht partizipierender Ortsansässiger noch immer mit Skepsis betrachtet wird.

4.4 Ergebnisse aus den Interviews

Innerhalb der Interviews wurden mehrere Punkte vorgebracht, die das derzeit noch mangelnde Engagement seitens nicht partizipierender Anwohner Echigo-Tsumaris erklären. So wurde deutlich, dass in Hinblick auf eine dauerhaft erfolgreiche Revitalisierung der Region Echigo-Tsumari eine weitere Verbesserung der Infrastruktur und Arbeitssituation erforderlich ist. Auf diese Weise würde nicht nur eine Steigerung der Lebensqualität für derzeitige Ortsansässige eingeleitet, sondern die Region auch für potenzielle neue Anwohner attraktiver werden. Dieser Aspekt liegt generell jeder *chiikizukuri*-Konzeption zugrunde – wobei die ursprünglichen Pläne und Zielsetzungen der ETAT vorsahen, solche Veränderungen in Kooperation mit den Anwohnern umzusetzen. Die Ortsansässigen sollten in die Planungsphasen des *chiikizukuri* mit eingebunden werden und schließlich ein „regionales Selbstwertgefühl" entwickeln. Das Marketing der ETAT entspricht üblichen *chiikizukuri*-Zielsetzungen insofern, als dass es sich nicht ausschließlich auf die Probleme, sondern auf das Potenzial der Region zu konzentrieren versucht. Die vor Ort anzutreffende *satoyama*-Landschaft wird besonders positiv, wenn auch idealisierend in den Fokus genommen. Da im Werbematerial gezielt Tōkyōter adressiert werden, wird jedoch nicht unbedingt den Anwohnern selbst die Qualität des eigenen Wohnortes vor Augen geführt, sondern die Region vielmehr für Stadtmenschen als idyllisches Ferienziel präsentiert.

Die Wertschätzung des *satoyama* durch städtische Besucher und der Kontakt zu den jungen Mitgliedern der *kohebi tai* haben verschiedenen Quellen zufolge gleichwohl dazu beitragen können, zumindest den an den Aktivitäten der Triennale partizipierenden Ortsansässigen mehr Stolz auf ihren Wohnort zu verschaffen (Klien 2009: 226 f.). Ziel der Bemühungen von ETAT-Mitarbeitern wie Kaori und Ayano ist es, die Region auf lange Sicht zu einem „lebenswerteren" Ort zu machen. Alle Interviewpartner schätzen den Austausch zwischen Anwohnern und Stadtmenschen als den dauerhaft ergiebigsten Aspekt der Triennale ein. Allerdings muss hier auf einen wichtigen inhaltlichen Unterschied verwiesen werden: Zwar mögen die partizi-pierenden Bewohner durchaus Freude an der Zusammenarbeit mit urbanen Gästen und Helfern haben, jedoch besteht gemäß den Aussagen der Interviewpartner meist kaum bis gar kein Bezug zu den modernen Kunstwerken. Die Ortsansässigen müs-sen die Kunst zur Teilnahme an den Projekten, wie Akira betont, nicht zwingend nachvollziehen können. Allerdings zeigte sich in den Interviews, dass viele – auch, nachdem sie sich dazu entschieden hatten, ein Kunstprojekt zu unterstützen – über dessen letztendliche Umsetzung enttäuscht oder bezüglich der Budgetplanungen noch immer skeptisch eingestellt waren.

Die Probleme scheinen eher selten mit den Kunstobjekten selbst verbunden zu sein, die gemäß Ayano und Kaori von der Mehrheit der Ortsansässigen zwar als merkwürdig, jedoch nicht störend empfunden werden. Vielmehr lassen sich die Missstände in der Organisation und Planung der Projekte verorten. Die ETAT-In-stitutionen in Tōkamachi erweisen sich als zeitweise personell stark unterbesetzt, weshalb die Angestellten bei der Instandhaltung der Kunstwerke auf die Unter-stützung der *kohebi tai* angewiesen sind. Die Gruppe selbst weist aufgrund der zeitintensiven und anstrengenden Arbeit jedoch starke Fluktuationen auf, weshalb fraglich ist, inwiefern eine aktive, unvergütete Teilnahme ihrer Mitglieder auf lange Sicht aufrechterhalten werden kann. Zur Fortführung der Triennale erweist es sich als notwendig, in Zukunft mehr Unterstützung vonseiten der Anwohner bzw. vor Ort Ansässiger zu erhalten. Diesen mangelt es hinsichtlich der langfristigen Pla-nung des Kunstfestivals, zu der u. a. Künstlerauswahl und Aufstellungsorte zählen, zum Forschungszeitpunkt aber an Möglichkeiten, konstruktive Kritik und Verbes-serungsvorschläge zum Festival anzubringen. Hinzu kommen Finanzierungs- und Budgetprobleme der Triennale, die sich in Zukunft noch verschärfen könnten. Trotz des Ideals einer „Slow-Art" sehen sich Besucher zudem häufig mit dem Problem der Weitläufigkeit des Festivals konfrontiert, welche es sehr mühsam macht, sich ohne Auto von einem Ausstellungsort zum anderen zu begeben. Von einer in finanzieller Hinsicht gewinnbringenden Tourismusindustrie kann somit nicht gesprochen wer-den – weshalb ein auf lange Sicht notwendiger wirtschaftlicher Aufschwung für die Region weiterhin nicht absehbar erscheint.

Eine umso größere Herausforderung zeigt sich folglich in der Abhängigkeit der Triennale von der Organisation durch die AFG und den Art Director. Insgesamt sollte der Region zu einer gewissen Selbstständigkeit verholfen werden, indem die Bewohner ihren Lebensraum eigenständig zu gestalten beginnen. Von einer konkreten Einbindung in die Planungsphasen des mit der ETAT verbundenen *chiikizukuri* kann momentan jedoch nur eingeschränkt die Rede sein, da die Ausstellung und Künstlerauswahl von der AFG in Tōkyō organisiert werden. Die Anwohner werden vor Ort zwar zur Partizipation aufgerufen, jedoch des Öfteren erst im Nachhinein über bereits erdachte Veranstaltungen informiert. In Anbetracht dieses momentan noch beibehaltenem Top-Down-Systems, bei dem die Pläne meist nur präsentiert und nicht gemeinsam erarbeitet werden, scheint das Ziel der Bildung einer „Revitalisierungsform mit reger Bürgerbeteiligung" bisher verfehlt worden zu sein. Von einem Gelingen der ETAT kann demnach bisher vornehmlich auf Ebene des Marketings gesprochen werden. Bei den Anwohnern Echigo-Tsumaris fällt der „Erfolg" hingegen nach wie vor gering aus: Zwar wird die Region, wie Kaori anmerkt, durch die Kunstausstellung populärer, allerdings zeigen sich in Hinblick auf ökonomische Maßnahmen auch nach knapp 18 Jahren nur wenige Veränderungen.

5. Fazit und Ausblick

Die eingangs zugrunde gelegte Frage, ob die ETAT das Potenzial hat, einen langfristigen Revitalisierungserfolg für die Region Echigo-Tsumari einzuleiten, muss differenziert beantwortet werden. Einerseits gewinnt die Ausstellung in den Medien zunehmend an Popularität und ihr Konzept wurde in dieser Form bereits in anderen Regionen, wie dem ebenfalls durch Kitagawa Fram organisierten *Setouchi International Art Festival*, adaptiert. Andererseits zeichnet sich die vielfach angepriesene „Fram Kitagawa Philosophy" (Art It Website 2009) durch einen Idealismus aus, der bereits verschiedenartig kritisiert wurde. Forscher wie Bishop sind der Ansicht, die Triennale stelle ein Beispiel für eine naive „feel-good-art-as-social-work" (Favell in Kitagawa 2014: 167) dar, bei der Künstler letztendlich als Ersatz für Sozialarbeiter fungierten. Favell selbst sieht die Triennale hingegen als ein „Gesamtkunstwerk" (ebd.), das als laufendes Community Art-Experiment genau dort ansetzt, wo die japanische Regierung große Teile ihrer Verantwortung abgegeben und vernachlässigt habe (ebd.). Die in der Region durchgeführten Kunstprojekte sollten seiner Ansicht nach daher einzeln, auf einer „case-by-case basis" (ebd.: 165) betrachtet und stets im Kontext der Gesamtwirkung der Triennale bewertet werden:

> While much can be said critically in theory about this kind of intervention, the spectacular ambition and achievements of Echigo-Tsumari over the past two decades mal also silence such criticism when viewed up close. (ebd.: 167).

Angesichts der Ergebnisse dieses Beitrags erscheint es derzeit jedoch fraglich, wie es um die Zukunft der Region und ihrer Revitalisierungsmaßnahmen durch die Kunstausstellung beschaffen ist, wenn keine angemessene Einbindung, Akzeptanz und Partizipation vonseiten der Ortsansässigen erfolgt. Die strikten Hierarchien in der Organisationsstruktur des Kunstfestivals sowie die Vormachtstellung des Art Directors sind dabei nicht nur auf Einzelfälle zu beziehen, sondern stellen bislang noch grundlegende Elemente des Projektes dar. Neben der wirtschaftlichen und infrastrukturellen Ineffizienz, die im Rahmen der Romantisierung des Landlebens als Charakteristikum der ETAT vermarktet wird, sind die anhaltende Skepsis der Anwohner sowie die oftmals beobachtete Überanspruchung der freiwilligen Helfer als besonders problematisch aufzufassen.

Das Potenzial von Revitalisierungsprojekten mit Kunst- und Kulturbezug, neue Zielgruppen anzusprechen, Kooperationen zu erproben und Wahrnehmungsgewohnheiten von Anwohnern und Besuchern infrage zu stellen, wurde in dieser Form bereits vielfältig diskutiert (Lechner et al. 2008: 9 ff.). Allerdings beschränken sich viele Studien entweder auf den städtischen Raum oder konzentrieren sich eher auf den dauerhaft ökonomischen Mehrwert etablierter kreativer Industrien. Durch die Stimulierung lokaler „Kreativität" soll bei *chiikizukuri*-Planungen in Japan nicht ausschließlich die wirtschaftliche Konkurrenzfähigkeit ländlicher Gebiete gesteigert, sondern vor allem ein Beitrag dazu geleistet werden, Regionen und ihre Bewohner für die Zukunft entwicklungsfähig und „geistig beweglich zu halten" (ebd.). Ein Problem „kreativer" Revitalisierungsprojekte und dem damit verbundenen Tourismus besteht laut Richards darin, dass die eigentlichen Erfolgsfaktoren von Veranstaltern nicht selten fehlinterpretiert oder gar übersehen werden. Viele Organisatoren konzentrieren sich demnach vor allem auf die Anpreisung „greifbarer" und schnell verfügbarer Elemente, beispielsweise in Form der die Destination umgebenden Landschaft, des angenehmen Klimas oder den Ausbau touristischer Institutionen wie Museen oder Hotels. Während diese Faktoren ohne Zweifel einen Beitrag dazu leisten, das Interesse von Besuchern zu wecken, werden im gleichen Zuge wichtige immaterielle Aspekte wie Langzeitplanung, Wissensentwicklung und aktives Networking zwischen Anwohnern und Besuchern oftmals vernachlässigt. Genau diese Faktoren seien es jedoch, die das System des „kreativen" Tourismus letztendlich zusammenhalten (Richards 2012).

Um demnach bei den Anwohnern Echigo Tsumaris ein steigendes Interesse an der Partizipation anzuregen und eine realistischere Darstellung der regionalen Qualitäten etablieren zu können, erscheint es in Hinblick auf ein langfristig erfolgreiches *chiikizukuri* maßgeblich, die ETAT verstärkt von den Einwohnern selbst ausrichten zu lassen. Eine organisatorische Umwälzung der Revitalisierungspläne erweist sich nicht nur als sinnvoll, sondern notwendig, um die Anwohner für die Probleme ihrer Region zu sensibilisieren und zum Handeln sowie Interagieren zu motivieren. Voraussetzung ist, dass sich die aktuellen Mitwirkenden verstärkt für weiterführende Beratungs- und Weiterbildungsangebote für nicht involvierte Anwohner engagieren, vor Ort ansässige Experten ansprechen und aktiv auf eine Demokratisierung der Entscheidungsprozesse hinarbeiten. Nur so kann sich die Region auf lange Sicht weiterentwickeln und zu einem Ort werden, der nicht nur für Touristen attraktiv ist, sondern auch Anwohnern – sowohl gegenwärtigen als auch kommenden – eine bessere Lebensqualität bietet.

Quellenverzeichnis

ART IT WEBSITE. 2009. „Echigo-Tsumari Art Triennal 2009: A beginner's guide": http://www.art-it.asia/u/admin_words/kB53V6yrQDo8KZESMNiJ/lang=en (abgerufen am 17.04.2018).

COHEN, Erik. 1988. „Authenticity and commoditization in Tourism". In: *Annals of Tourism Research* 15: 371–386.

ETAT KATALOG. 2000. *Daichi no geijutsusai: Echigo-Tsumari Āto Toriennāre 2000/Echigo-Tsumari Art Triennial 2000.* Tōkyō: Gendai Kikakushitsu.

ETAT KATALOG. 2009. *Daichi no geijutsusai: Echigo-Tsumari Āto Toriennāre 2009/Echigo-Tsumari Art Triennial 2009.* Tōkyō: Gendai Kikakushitsu.

ETAT PROMOTION VIDEO. 2014. „Fram Kitagawa Presents: Echigo-Tsumari Art Triennale": https://www.youtube.com/watch?v=4CdlLHz177Y (abgerufen am 17.04.2018).

ETAT WEBSITE. 2016/2017/2018. „Echigo-Tsumari Art Field": http://www.Echigo-Tsumari.jp/eng/ (abgerufen am 17.04.2018).

HOHN, Uta. 2000. *Stadtplanung in Japan. Geschichte – Recht – Praxis – Theorie.* Dortmund: Vertrieb für Bau- und Planungsliteratur.

JAPAN TIMES ONLINE. 2008. „Interacting with locals called key role in eco-tourism": http://www.japantimes.co.jp/news/2008/01/18/national/interacting-with-locals-called-key-role-in-eco-tourism/ (abgerufen am 17.04.2018).

JONES, Thomas. 2012. „A life cycle analysis of nature-based tourism policy in Japan". In: *Contemporary Japan* 24: 179–211.

KIMURA, Rikio. 2005. „Visioning the Future of Rural Communities: How were Appreciative Inquiry and Discontinuous Leap Approaches Applied in Japan's Progressive Rural Revitalization Cases?": https://www.academia.edu/33471101/What_are_the_Merits_and_Scope_for_Implementing_Self-Reliant_Policies_in_the_Nelson_Regional_Economy (abgerufen am 17.04.2018).

KITAGAWA, Fram. 2014. *Art Place Japan. The Echigo-Tsumari Art Triennale and the Vision to Reconnect Art and Nature.* New York: Princeton Architectural Press.

KLIEN, Susanne. 2009. „Ländliche Regionen und Tourismusvermarktung zwischen Revitalisierung oder Exotisierung: das Beispiel Echigo-Tsumari". In: *Japan: Politik, Wirtschaft und Gesellschaft* 2009: 217–241.

KLIEN, Susanne. 2010a. „Collaboration or confrontation? Local and non-local actors in the Echigo-Tsumari Art triennale". In: *Contemporary Japan* 22: 153–178.

KLIEN, Susanne. 2010b. „Contemporary art and regional revitalisation. Selected artworks in the Echigo-Tsumari Art Triennial 2000-6". In: *Japan Forum* 22 (3–4): 513–543.

KLOPFENSTEIN, Eduard. 2009. „Satoyama – Ein neues japanisches Landschaftskonzept. Entstehung, Definition und Verbreitung des Begriffs im Kontext der Umweltproblematik". In: *Asiatische Studien* 63 (3): 723–741.

KNIGHT, Catherine. 2010. „The Discourse of 'Encultured Nature' in Japan. The Concept of Satoyama and its Role in 21st-Century Nature Conservation." In: *Asian Studies Review* 34 (4): 421–441.

KNIGHT, John. 1994. „Town-making in rural Japan: an example from Wakayama". In: *Journal of Rural Studies* 10 (3): 249–261.

KOBORI, Hiromi. 2009. „Current trends in Conservation Education in Japan". In: *Biological Conservation* 142 (9): 1950–1957.

KUSAKABE, Emiko. 2013. „Advancing sustainable development at the local level: The case of machizukuri in Japanese cities". In: *Progress in Planning* 80: 1–65.

LECHNER, David; PHILIPP, Thomas; GRUBMÜLLER, Verena. 2008. *Der Mehrwert von Kunst/ Kultur für den städtischen Raum. Linzer Institut für qualitative Analysen*. Wien: Österreichischer Städtebund.

MELI, Mark. 2011. „High-Vision Satoyama: Japanese Agrarian Landscape for Home and Abroad". In: *Kansai Daigaku Tōzai Gakujutsukenkyūshokyō* 44: 319–340.

MOON, Okpyo. 2002. „The Countryside Reinvented for Urban Tourists. Rural Transformation in the Japanese *Muraokoshi* Movement". In: HENDRY, Joy; RAVERI, Massimo (Hg.): *Japan at Play*, 228–244. London: Routledge.

RICHARDS, Greg. 2012. „Tourism, Creativity and Creative Industries"; *Paper from the Conference „Creativity and Creative Industries in Challenging Times", NHTV Breda, November 2012*: https://www.academia.edu/2198992/Tourism_Creativity_and_the_Creative_ Industries (abgerufen am 17.04.2018).

RICHARDS, Greg. 2011. „Creativity and Tourism. The State of the Art". In: *Annals of Tourism Research* 38 (4): 1225–1253.

ROBERTSON, Jennifer. 1988. „Furusato Japan. The Culture and Politics of Nostalgia". In: *Politics, Culture, and Society* 1 (4): 494–518.

VOGT, Silke. 2001. *Neue Wege der Stadtplanung – Partizipationsansätze auf der Mikroebene, dargestellt anhand ausgesuchter machizukuri Projekte in Tōkyō*. München: Iudicium.

WATANABE, Shunichi J. 2006. „Machizukuri in Japan: a historical perspective on participatory community-building initiatives". In: HEIN, Carola (Hg.): *Cities, Autonomy, and Decentralization in Japan*, 128–138. London [u. a.]: Routledge.

WATANABE, Hitoshi. 2013. „*Echigo-Tsumari Āto Nekkuresu seibi jigyō*" [„Das (regionale) Erneuerungsprojekt *Echigo-Tsumari Art Necklace*"]. Originaldokument des Machizukuri Advisors der Stadt Niigata.

WÖHLER, Karlheinz. 2011. *Touristifizierung von Räumen. Kulturwissenschaftliche und soziologische Studien zur Konstruktion von Räumen*. Wiesbaden: Verl. für Sozialwiss.

Über die Autorinnen und Autoren

PROF. DR. SHINGO SHIMADA ist Professor für Modernes Japan der Heinrich-Heine-Universität Düsseldorf. Seine Forschungsschwerpunkte sind kulturvergleichende Soziologie und alternde Gesellschaft in Japan.

ADAM JAMBOR, M.A. ist Doktorand des Faches Modernes Japan an der HHU Düsseldorf und seit 2016 als Foreign Lecturer an der Faculty of Policy Studies der Chuo Universität beschäftigt.

TIMO THELEN, M.A. ist Lektor für Deutsche Sprache an der Universität Kanazawa. Sein aktueller Forschungsschwerpunkt liegt im Medientourismus zu japanischer Populärkultur.

PROF. DR. HIROO KAMIYA is a professor in the Department of Geography, Kanazawa University, Japan. His research interests lie in geographic aspects of welfare provision in East Asia.

JESSICA DREISTADT, M.A. hat 2016 ihren Master im Fach Modernes Japan an der HHU Düsseldorf abgeschlossen und ist zur Zeit bei der Mitsubishi Electric Europe B.V. beschäftigt.

THERESA SIELAND, M.A. ist Doktorandin am Institut für Modernes Japan der HHU Düsseldorf. Sie promoviert zu Revitalisierungsprojekten mit Kunst- und Kulturbezug im ländlichen Japan.

www.ingramcontent.com/pod-product-compliance
Lightning Source LLC
Chambersburg PA
CBHW052011270326
41929CB00015B/2875